MÉTHODES DES PROPORTIONS

DANS

L'ARCHITECTURE

EGYPTIENNE, DORIQUE ET DU MOYEN-AGE

PAR

M. LE Dr HENSZLMANN

Un Volume in-folio de planches et un Volume in-quarto de texte, en deux parties

ATLAS

PARIS

ARTHUS BERTRAND, LIBRAIRE-ÉDITEUR

COMMISSIONNAIRE POUR L'ÉTRANGER

21, RUE HAUTEFEUILLE

Livraisons 1 – 6

5

V

746

STYLE OGIVAL

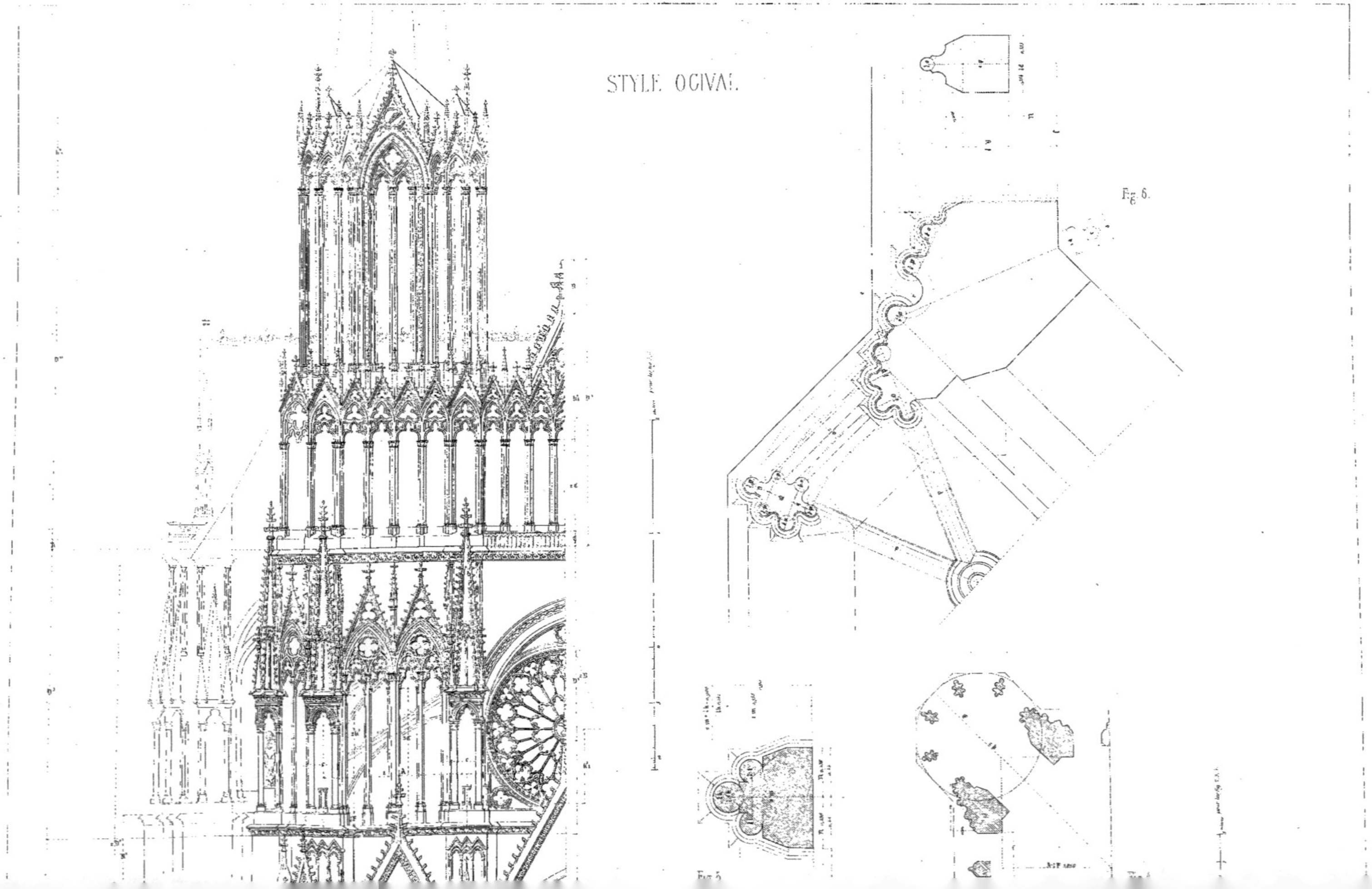

Fig. 6.

Cathédrale de Reims.

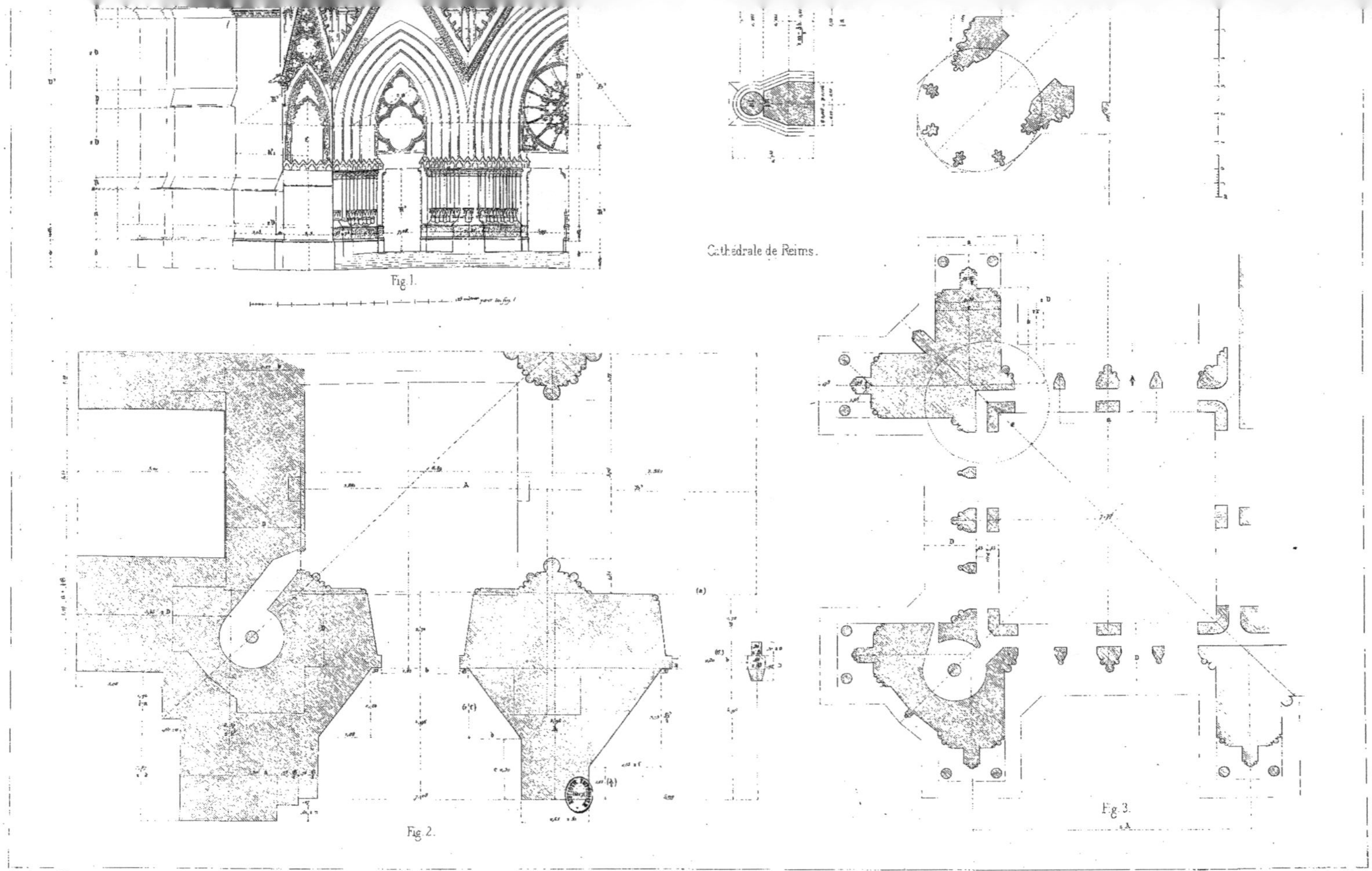

Fig. 1.

Fig. 2.

Fig. 3.

Brunschmann del.

Gravé par Erhard.

Arthus Bertrand Éditeur.

STYLE BYZA

Fig. 5

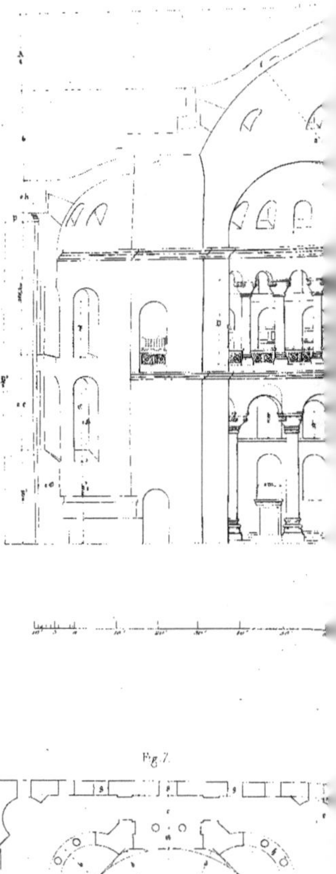

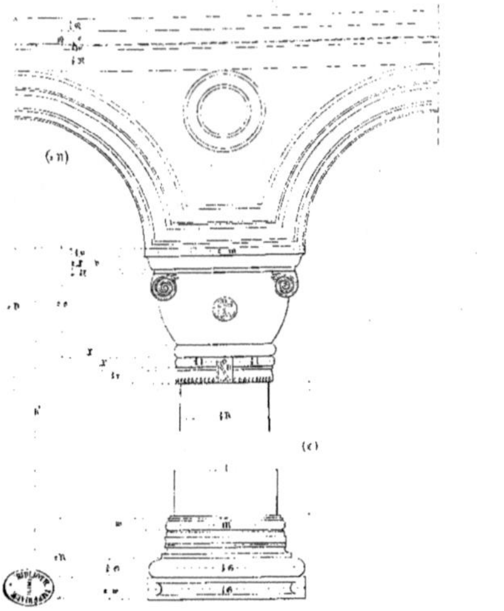

Fig. 3.

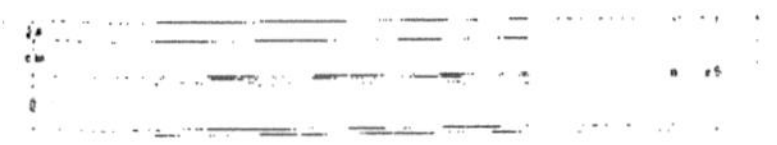

Fig. 6.

Fig. 4.

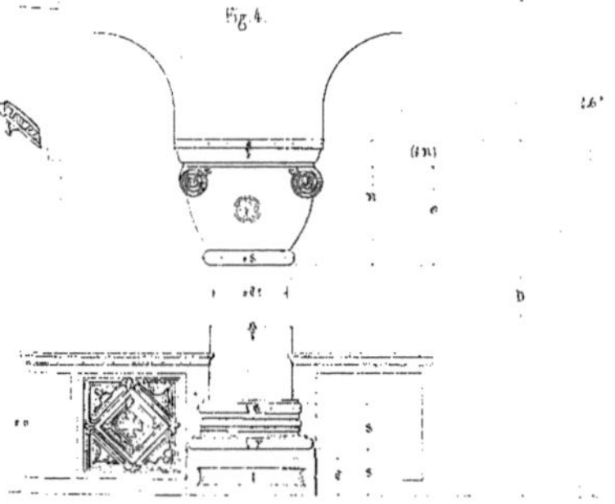

Fig. 7.

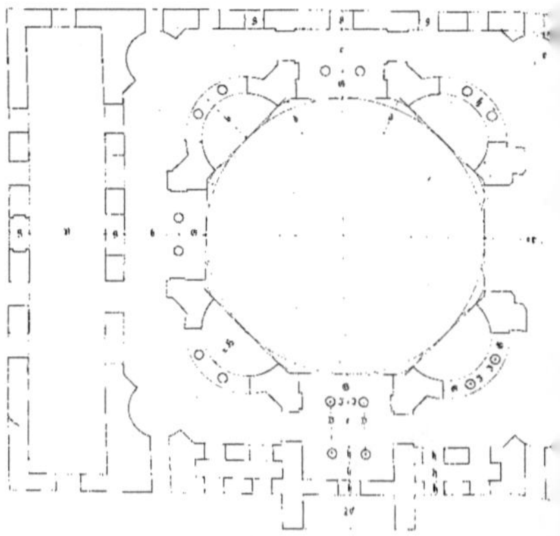

Fig. 10.

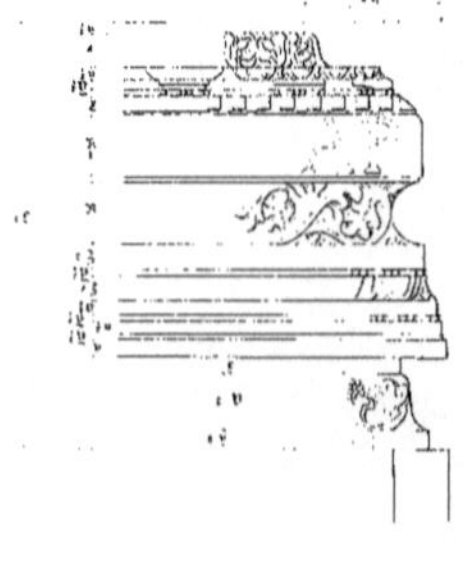

Henneimann del.

…ZANTIN

Fig.1. Fig.2.

Ste Sophie de Constantinople

Fig.12.

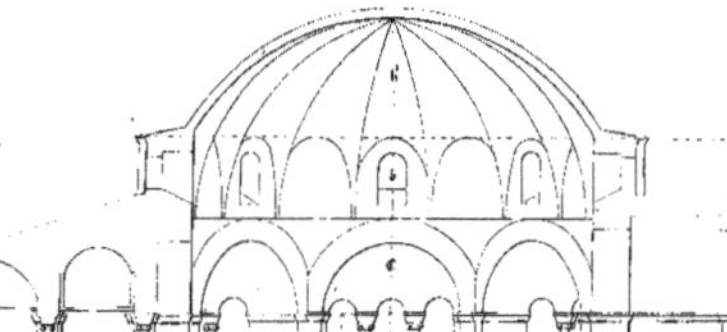

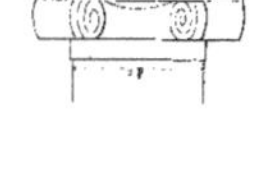

Fig.11

Fig.9

Fig.8

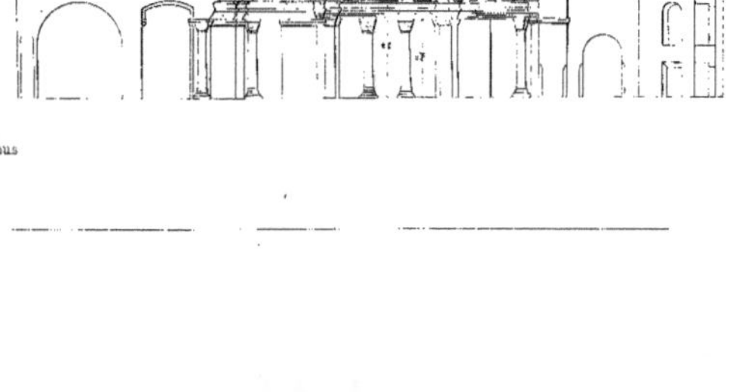

Sergius et Bacchus

…à Éditeur

Gravé par Erhard

STYLE OGIVAL.

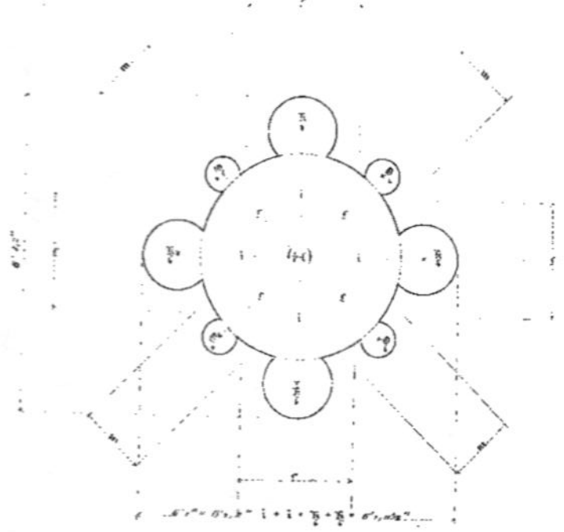

Fig. 2

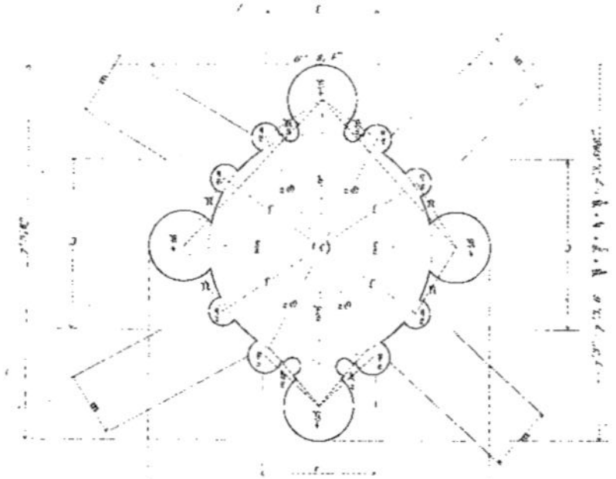

Fig. 3

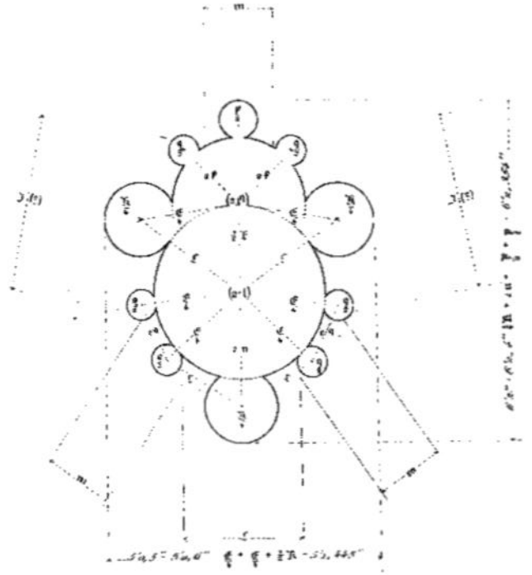

Fig. 1.

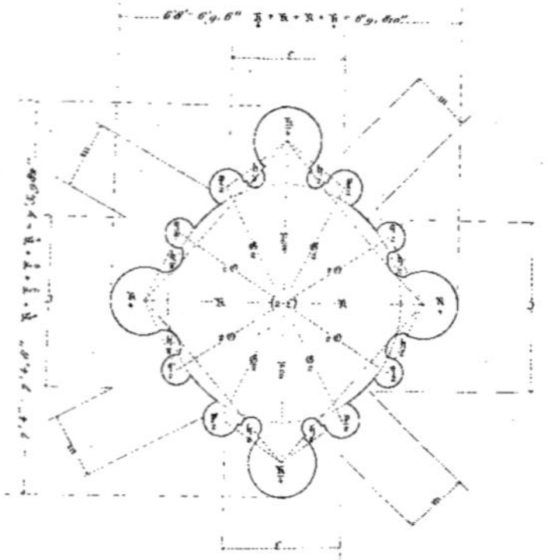

Fig. 5.

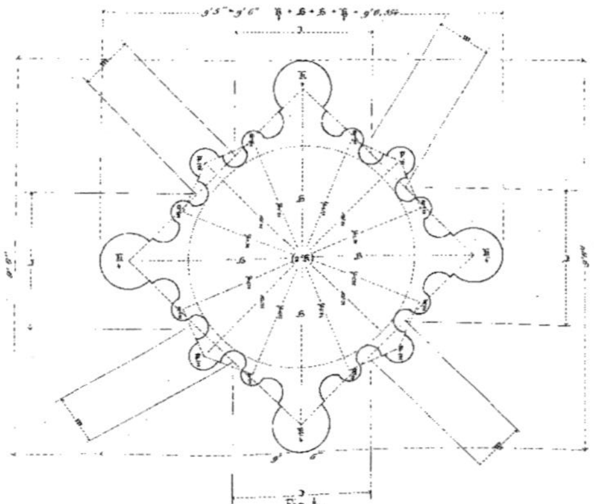

Fig. 4.
Six Piliers de la Cath.le de Cologne

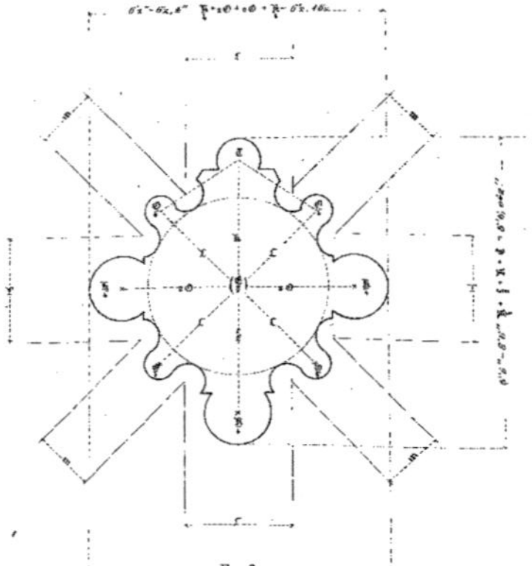

Fig. 6.

Fig. 8.

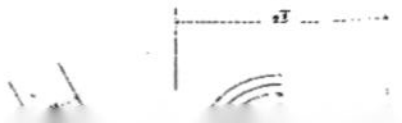

Fig. 11.

Fig. 13.

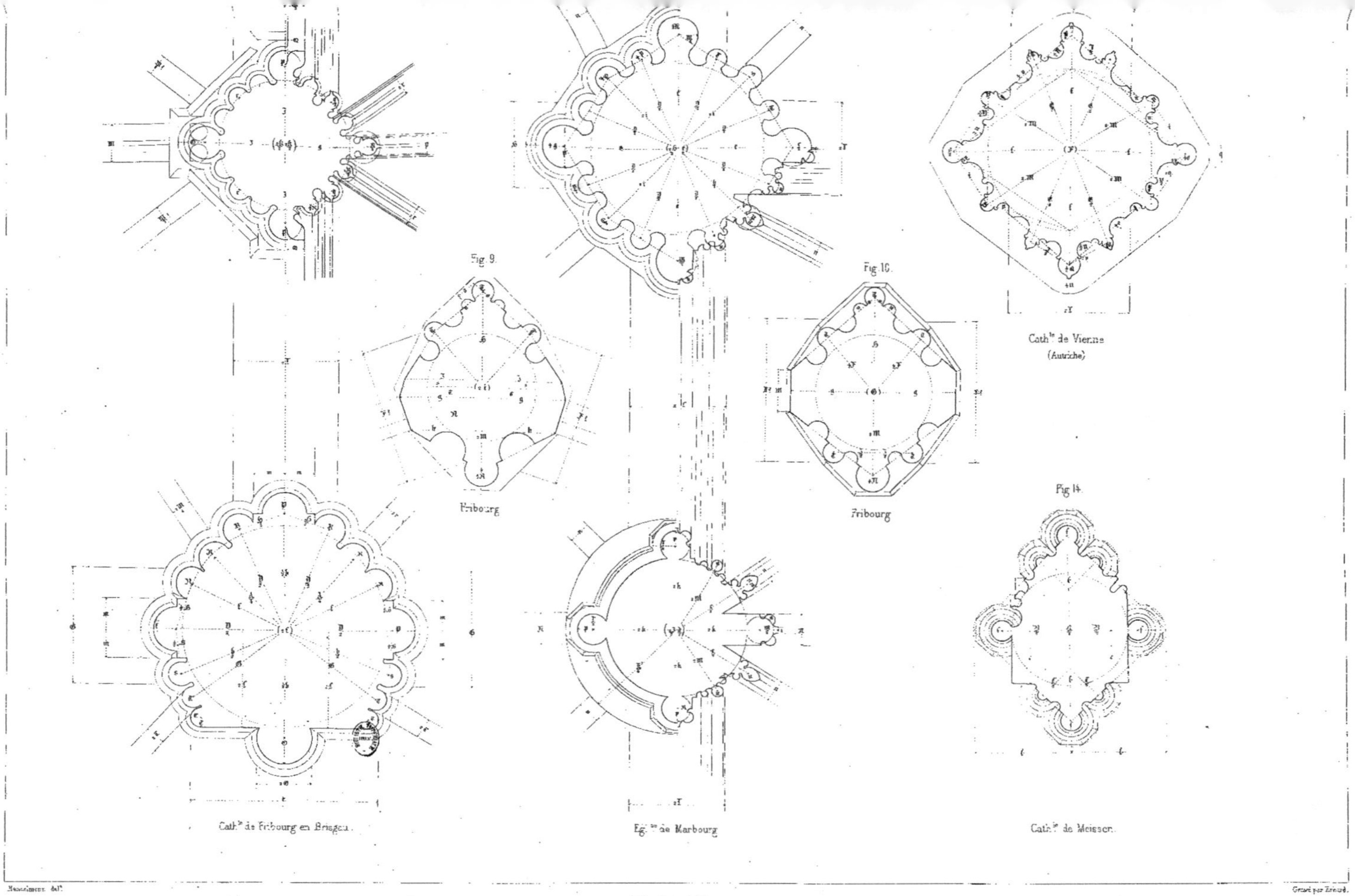

Nanscimenn del.t Gravé par Ernouf.

Arthus Bertrand, Editeur.

17

STYLE DORIQUE

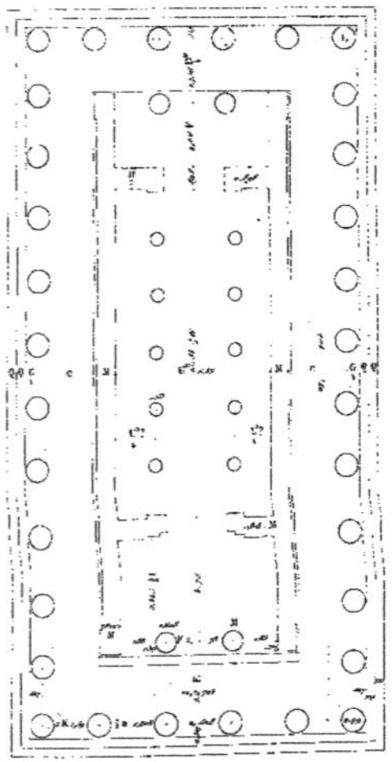

Fig. 1.– T. d'Egine

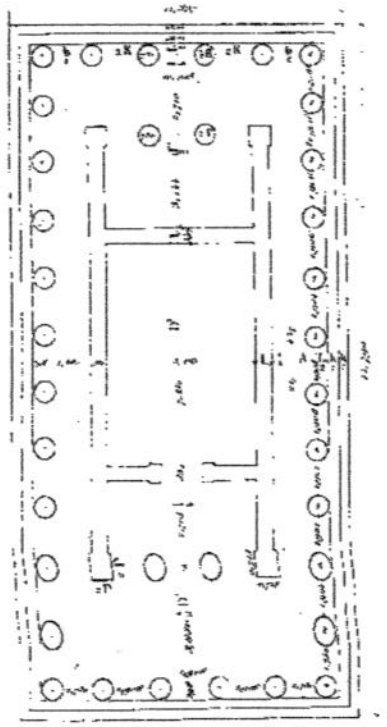

Fig. 6.– T. de Rhamnus

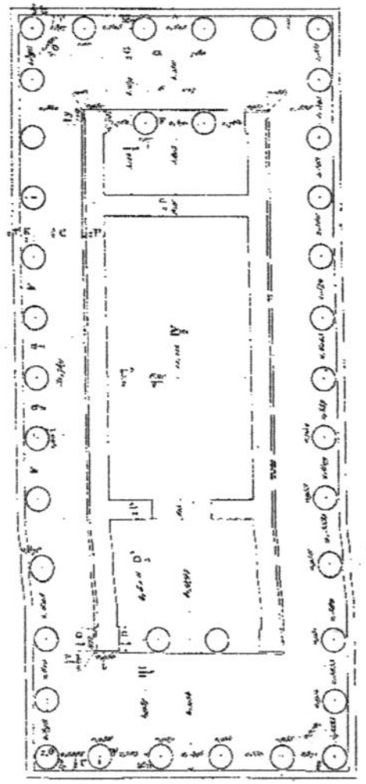

Fig. 2.– T. de Thésée.

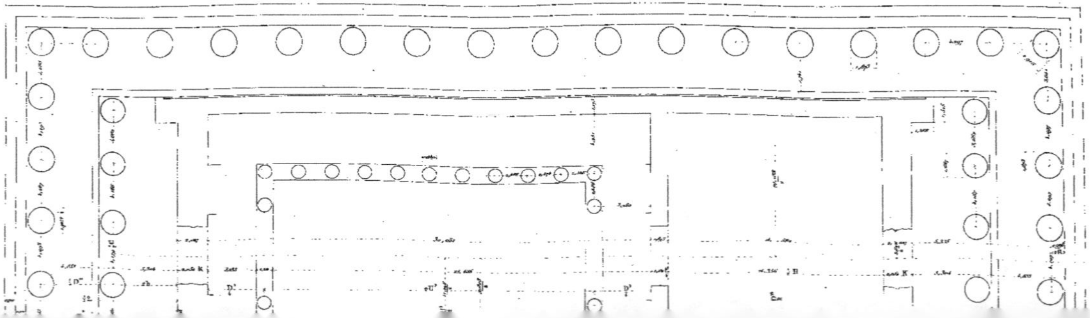

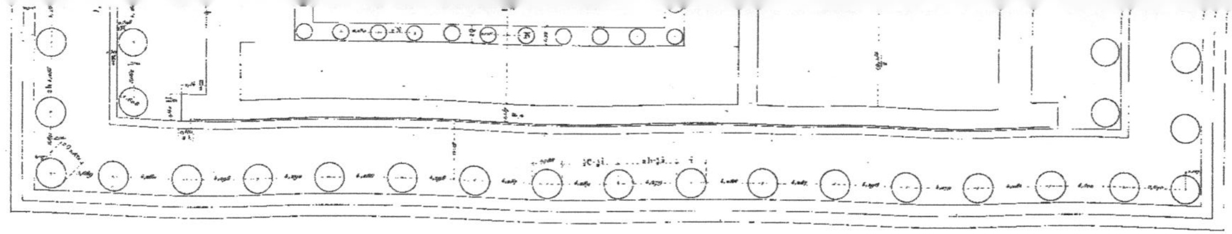

Fig.3. – Le Parthénon

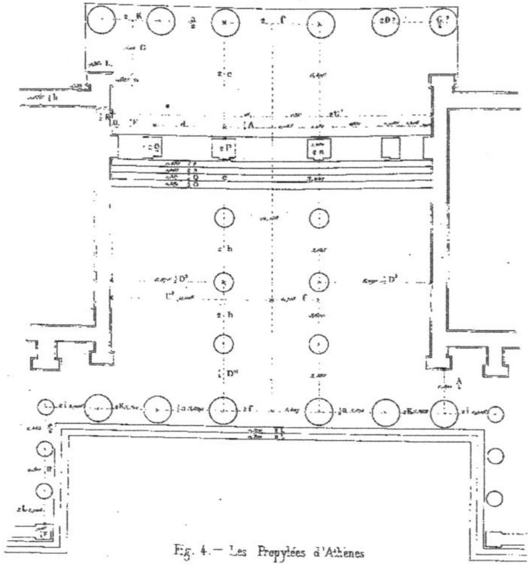

Fig. 4. – Les Propylées d'Athènes

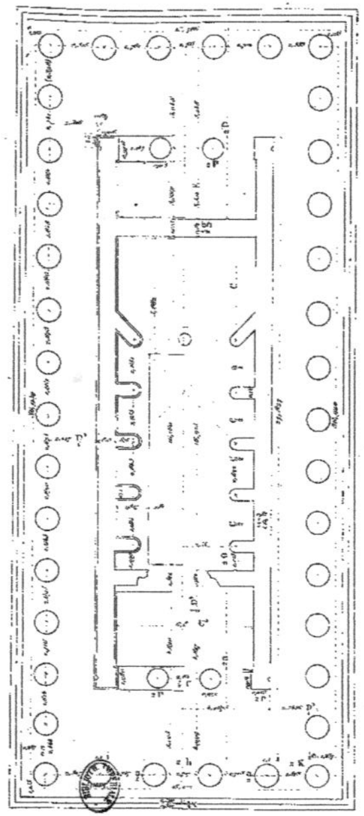

Fig. 7. – T. de Bassae en Phigalie

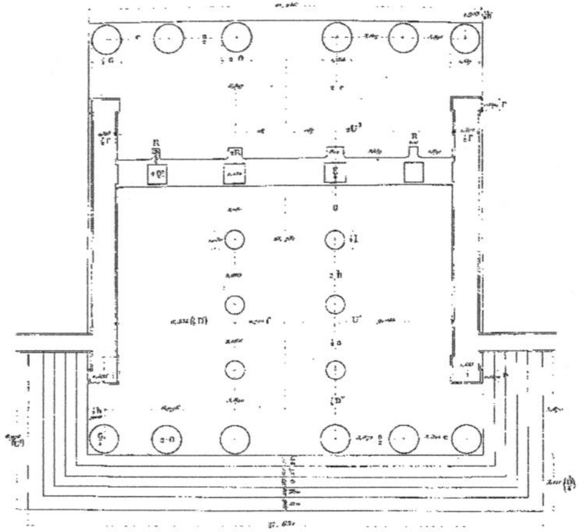

Fig. 5. – Les Propylées d'Eleusis

Henselmann del.t

Gravé par Echard

Paris Arthus Bertrand Editeur.

61

MÉTHODES DES PROPORTIONS DANS L'ARCHITECTURE

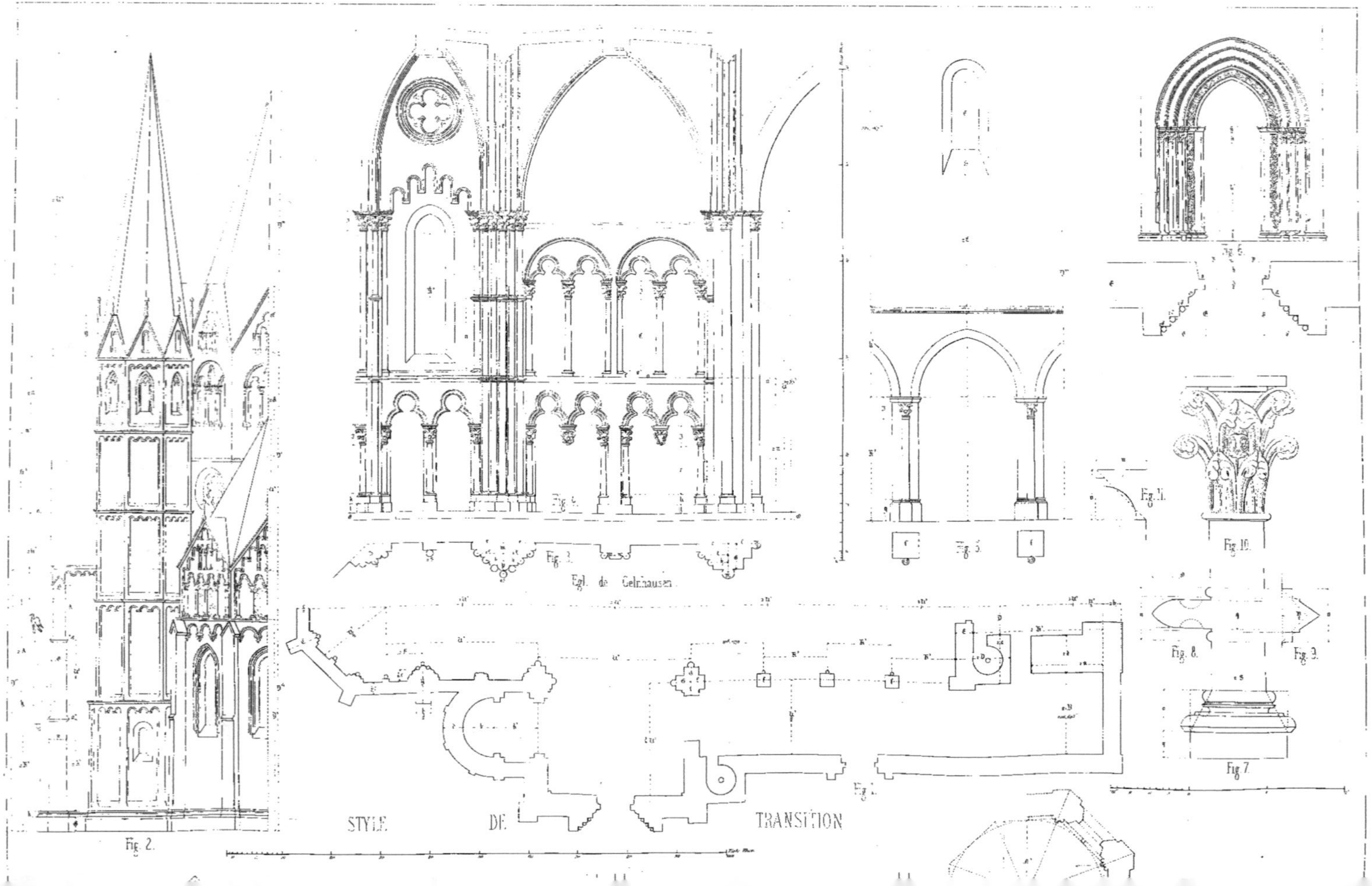

Église Zsambék (Hongrie)

Arthus Bertrand Éditeur

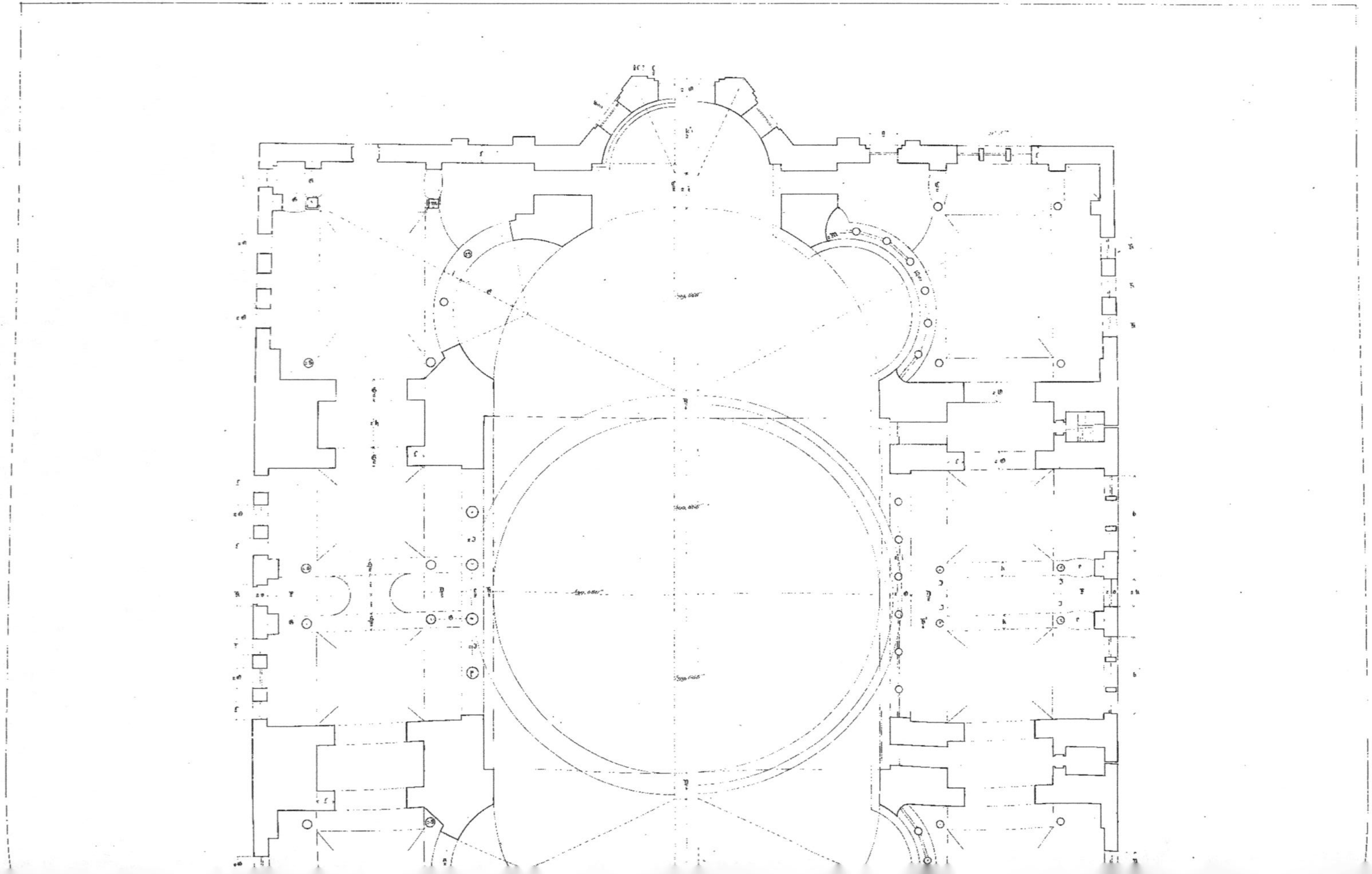

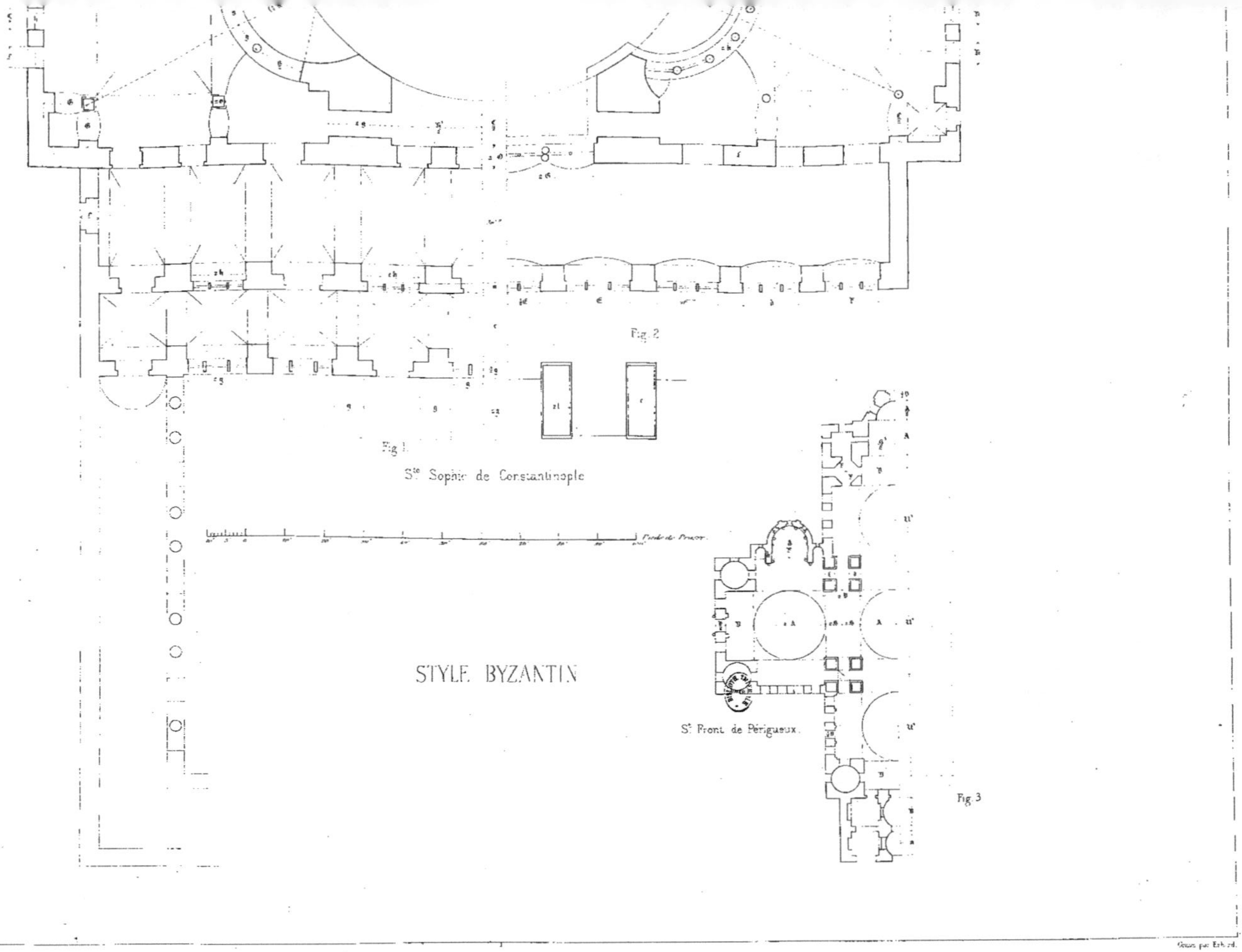

Bourdonnais del.t

Arthus Bertrand Editeur

Gravé par Erhard

METHODES DES PROPORTIONS DANS L'ARCHITECTURE

STYLE DORIQUE

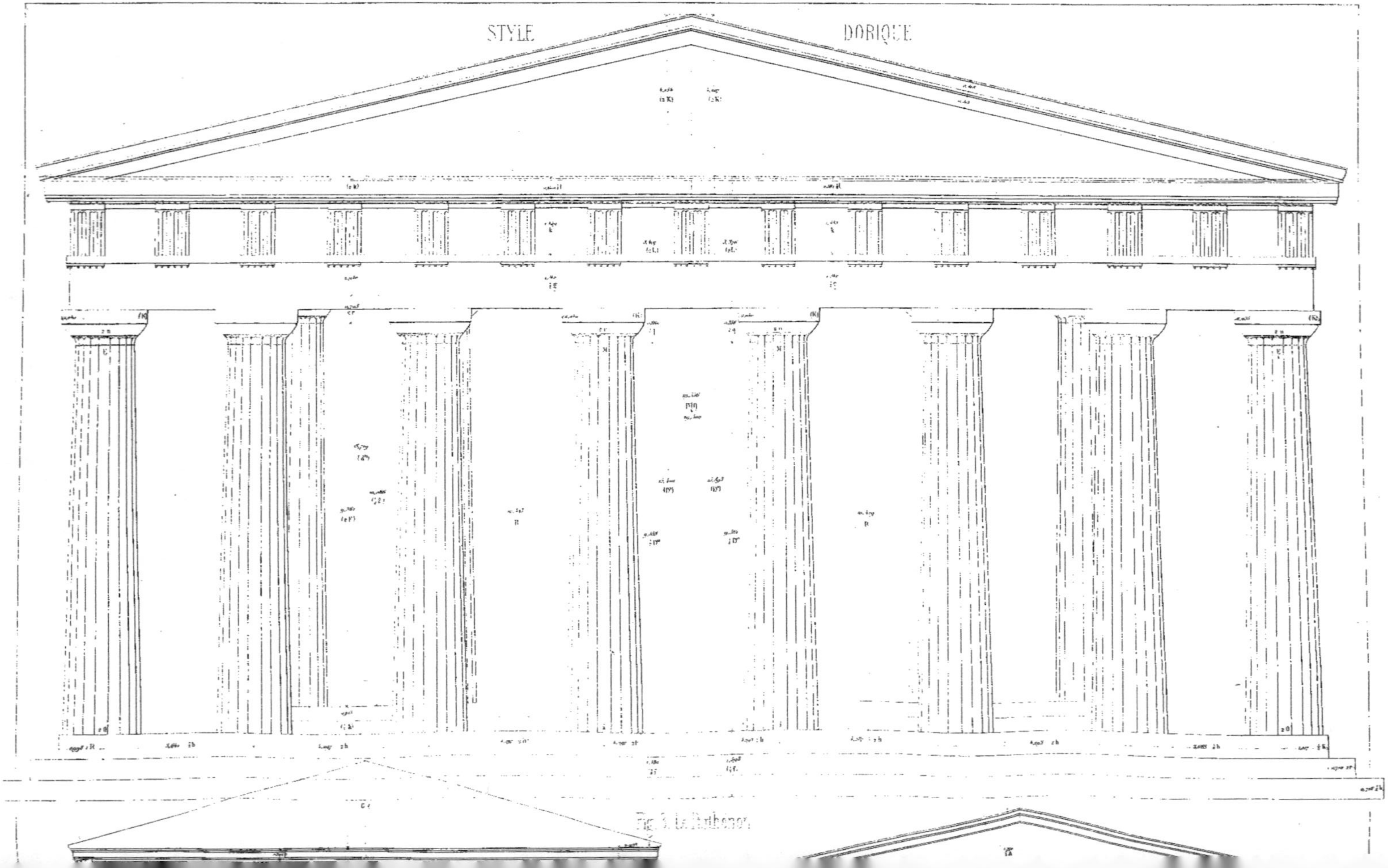

Fig. 3. Le Parthénon.

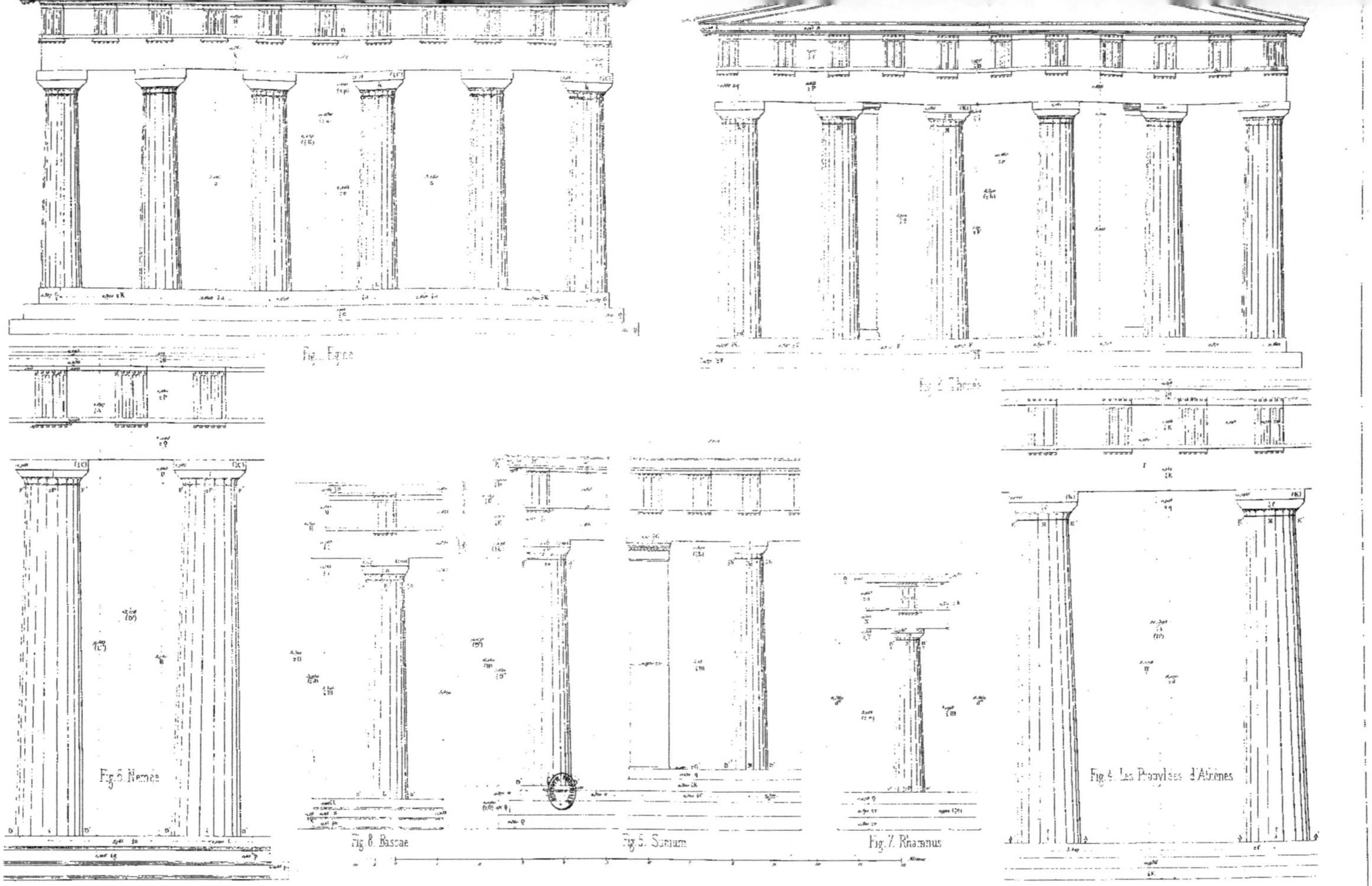

Arthur Bertrand Éditeur.

Gravé par Erhard.

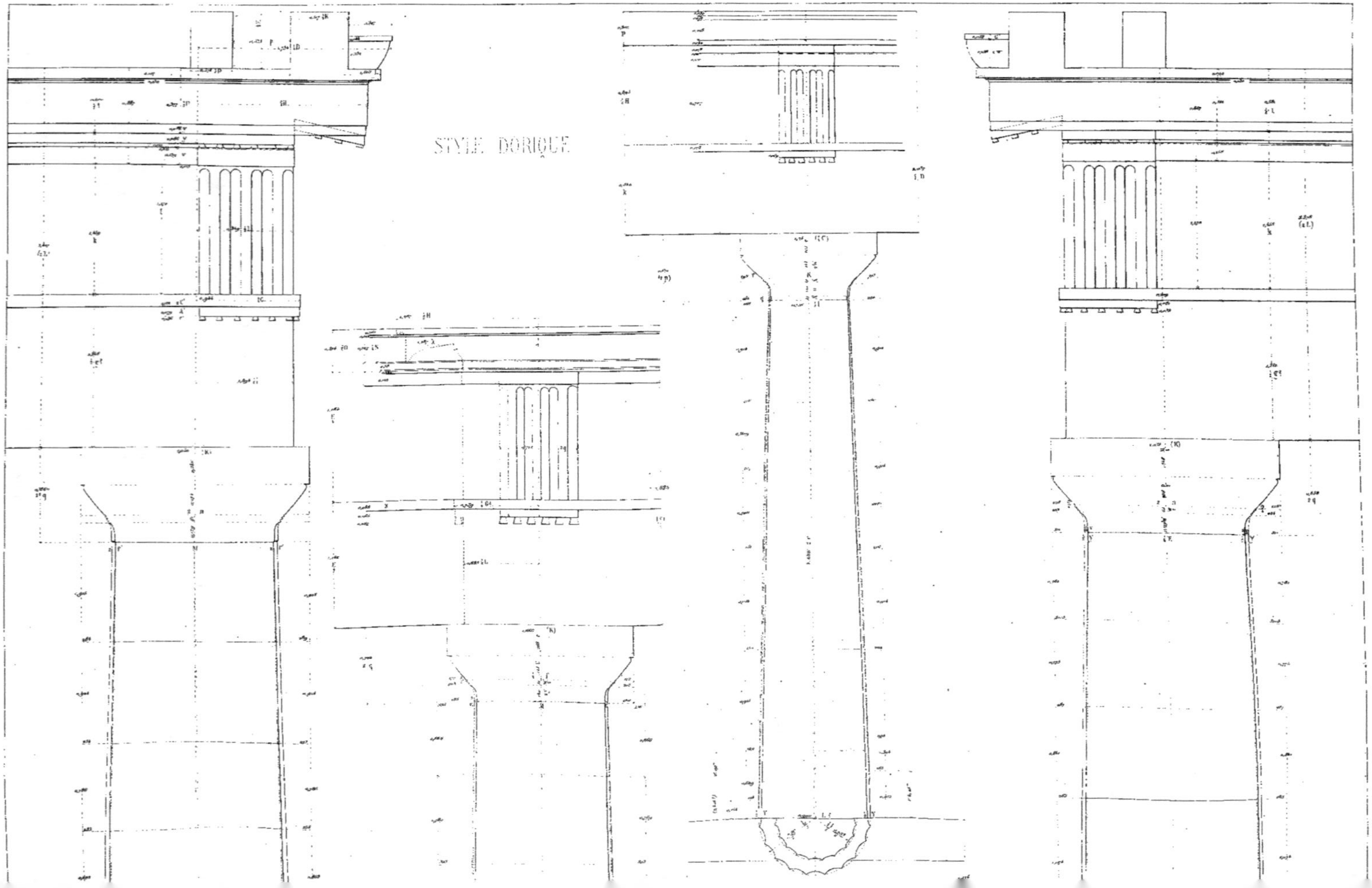
STYLE DORIQUE

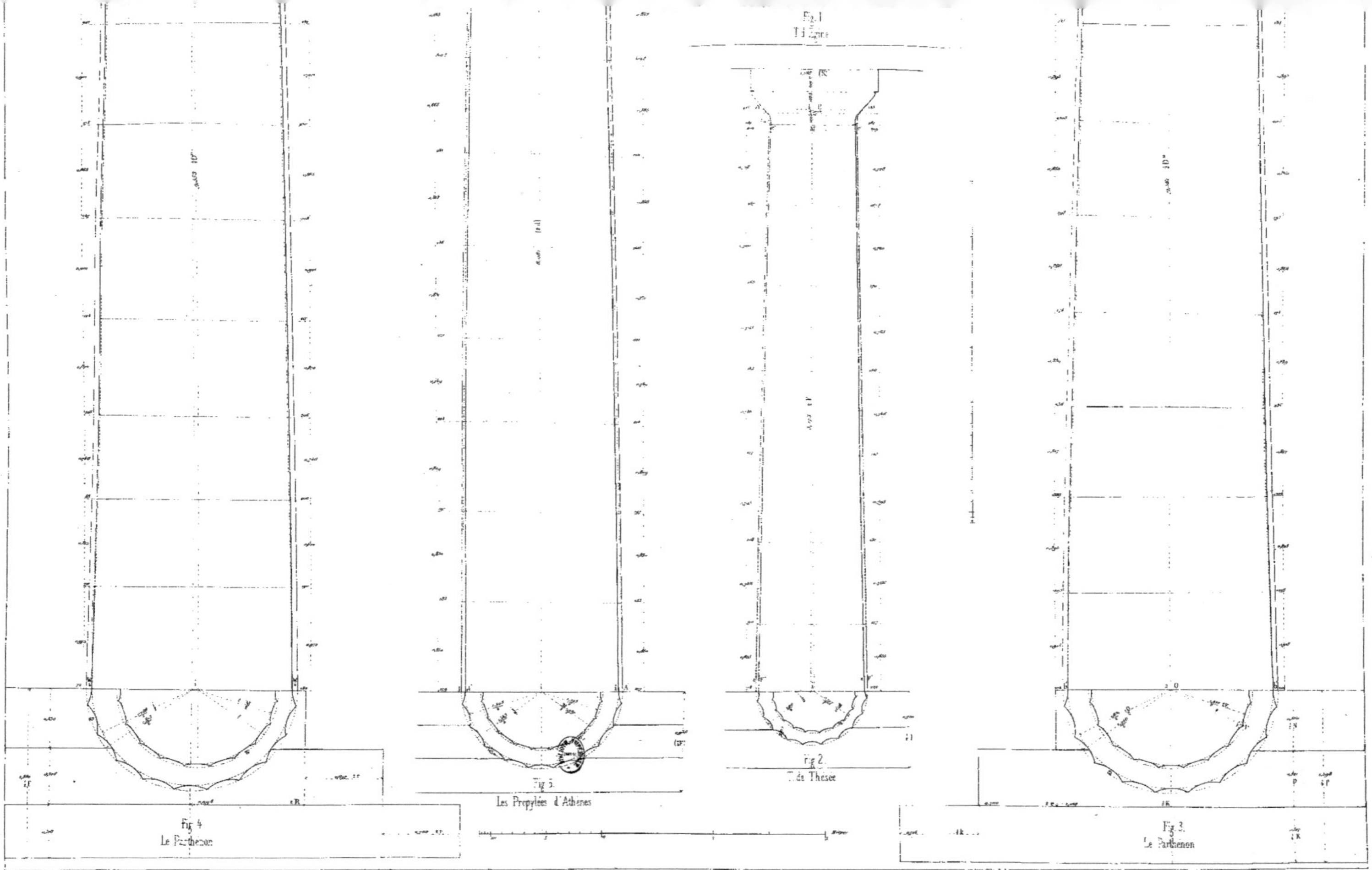

Arthus-Bertrand Éditeur.

9ie.

3

STYLE OGIVAL

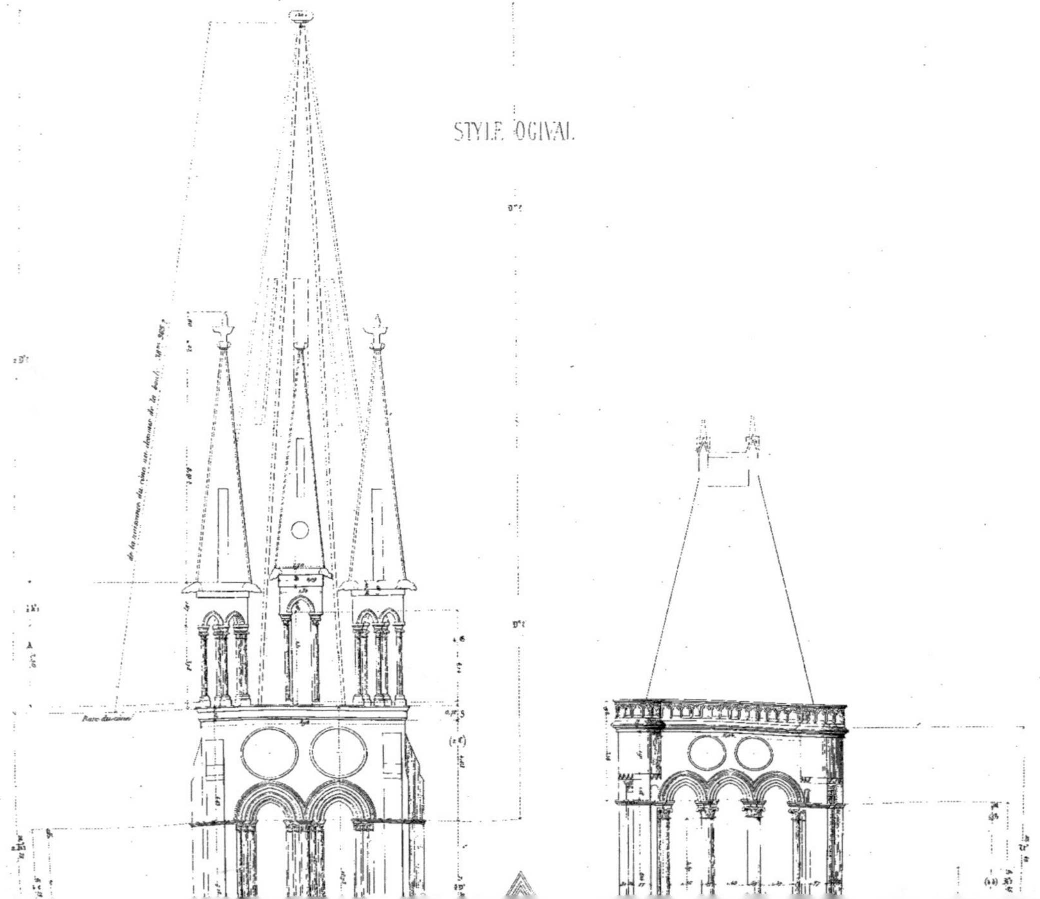

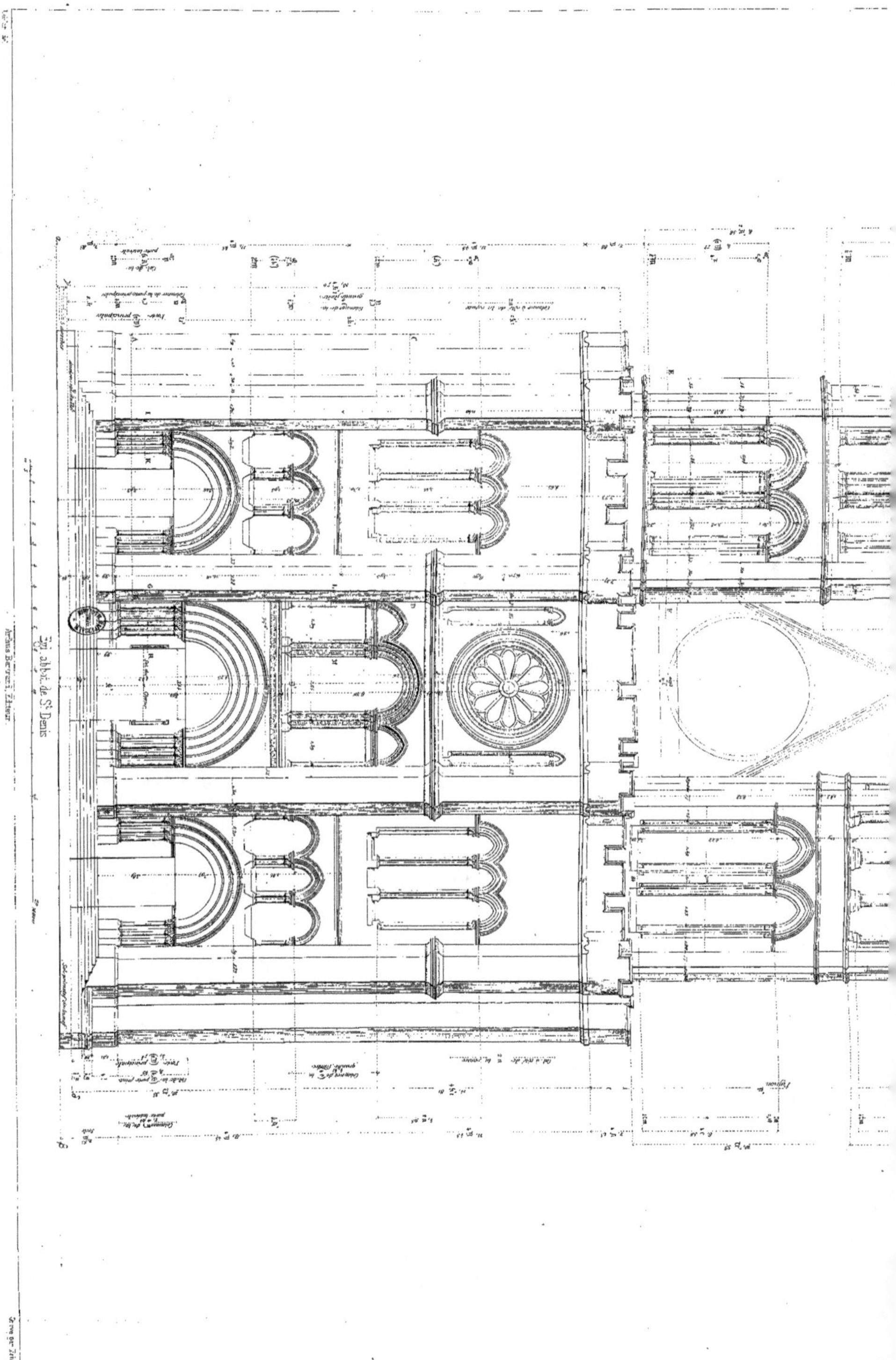
Ég. abb.le de St Denis

3

Fig. 2.
Melverode
Fig. 3.
Fig. 1
F. 4.
F. 5.
P. 6.
Petersberg Fig. 12.
Fig. 8.
Fig. 7.
Landsberg

Arthus Bertrand, Editeur.

STYLE DORIQUE

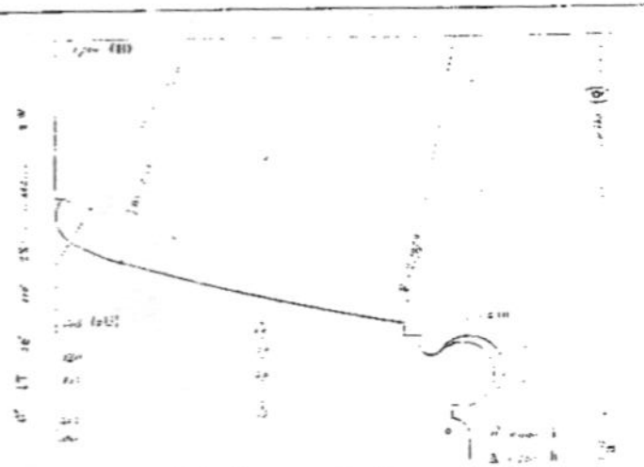

Fig 6. – Paestum petit Temple

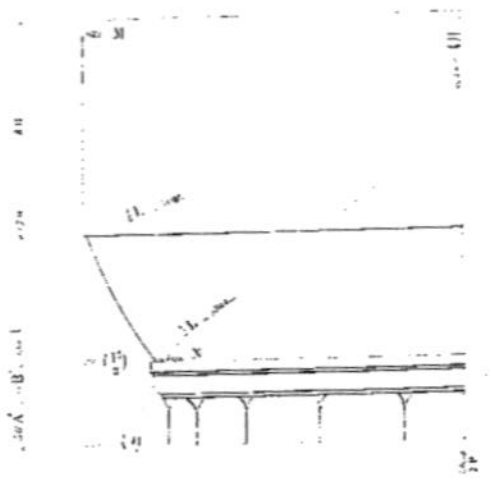

Fig 3 – Pompeji

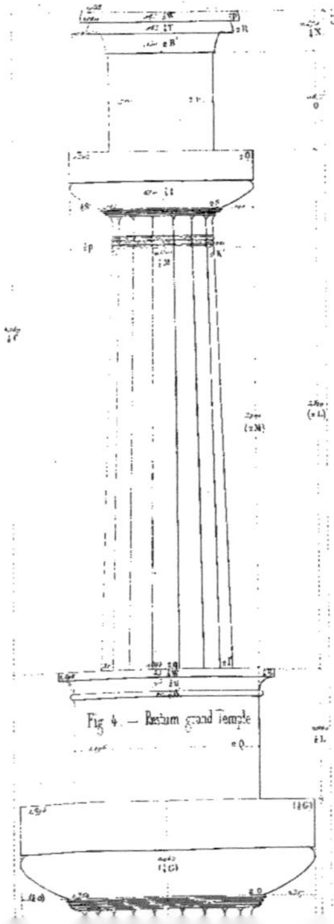

Fig 4. – Paestum grand Temple

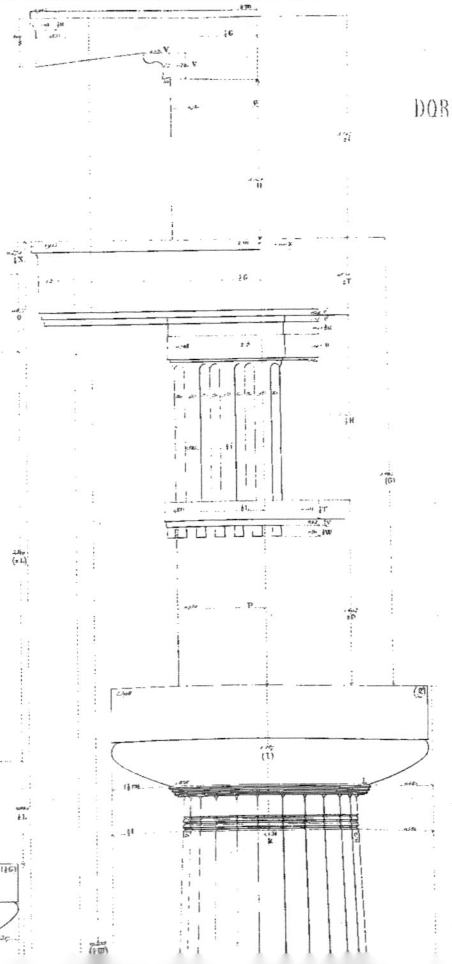

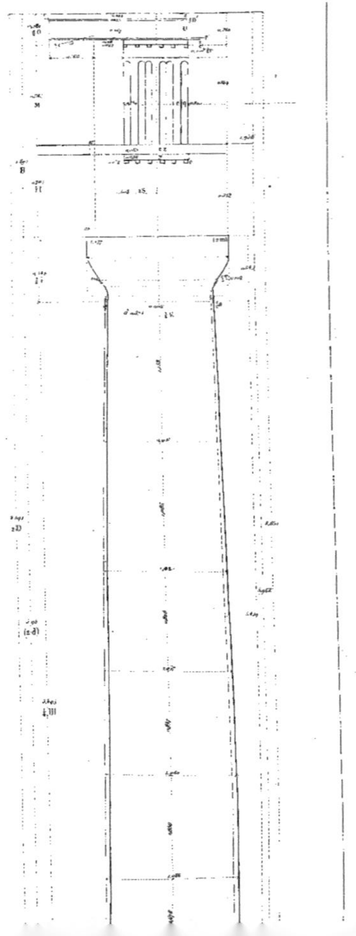

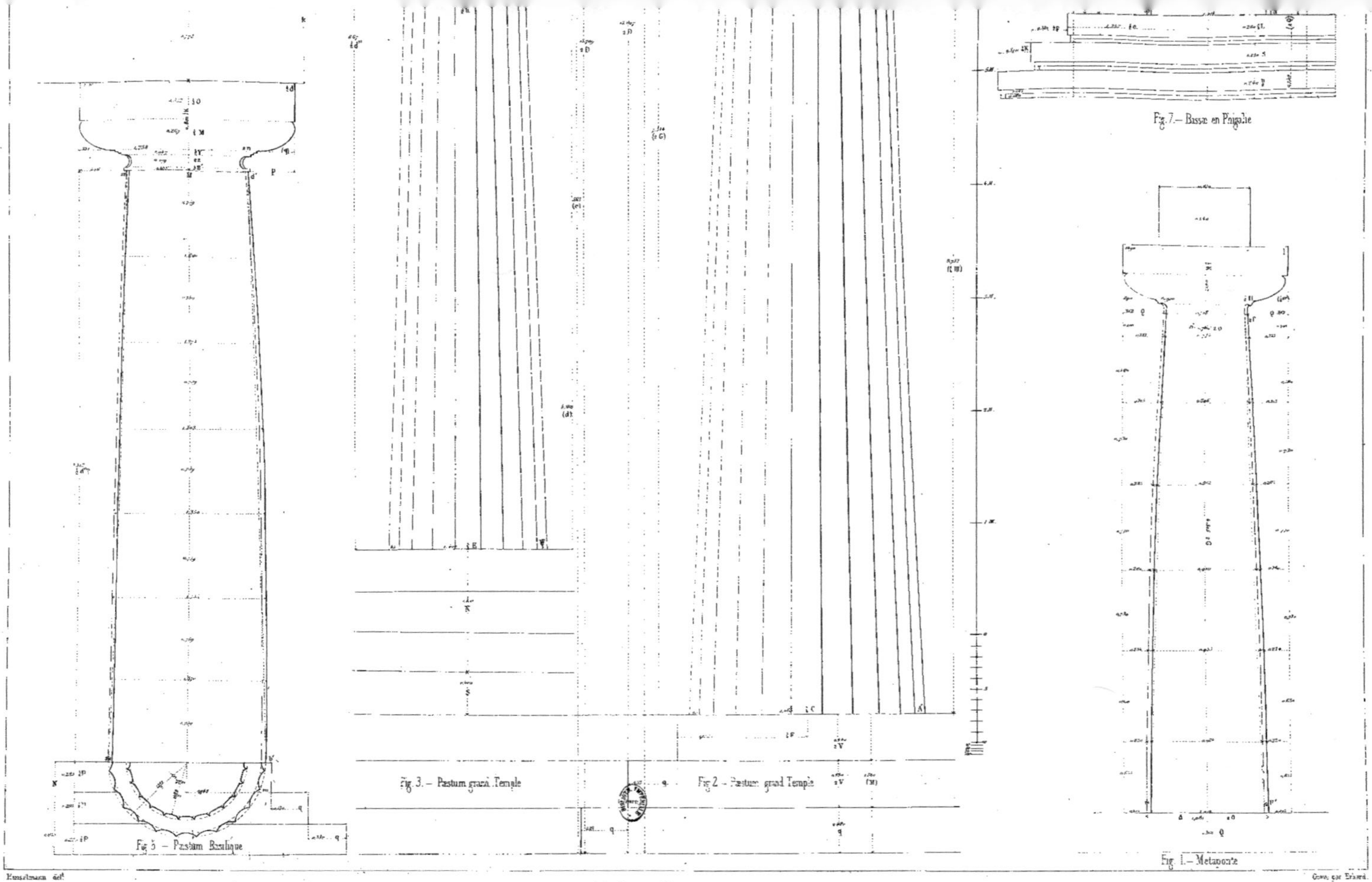

Fig. 5. – Pæstum Basilique

Fig. 3. – Pæstum grand Temple

Fig. 2. – Pæstum grand Temple

Fig. 7. – Bassæ en Phigalie

Fig. 1. – Metaponte

Hansselmann del.t Arthus Bertrand Editeur. Grav. par Erhard.

METHODES DES PROPORTIC

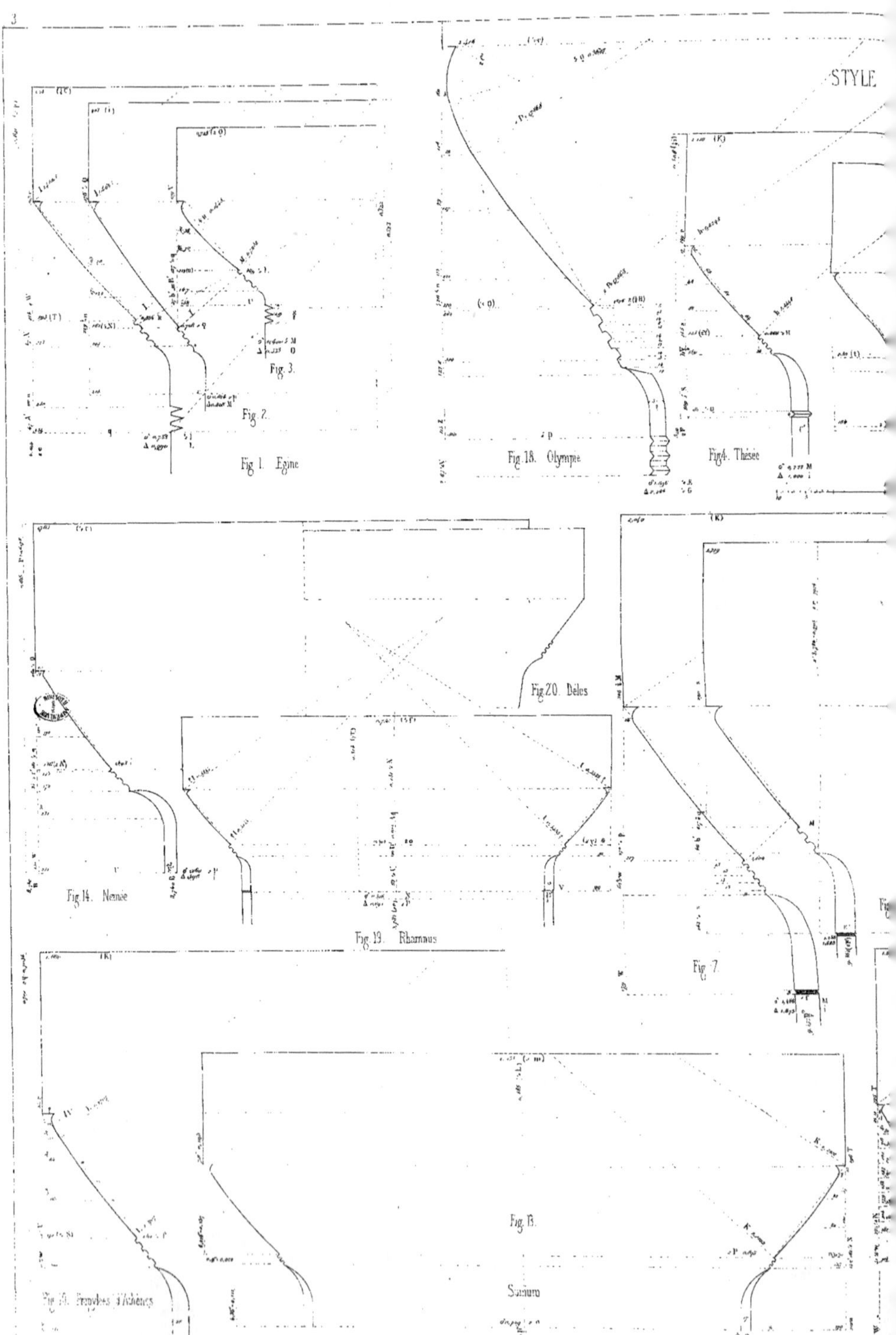

S DANS L'ARCHITECTURE

RIQUE

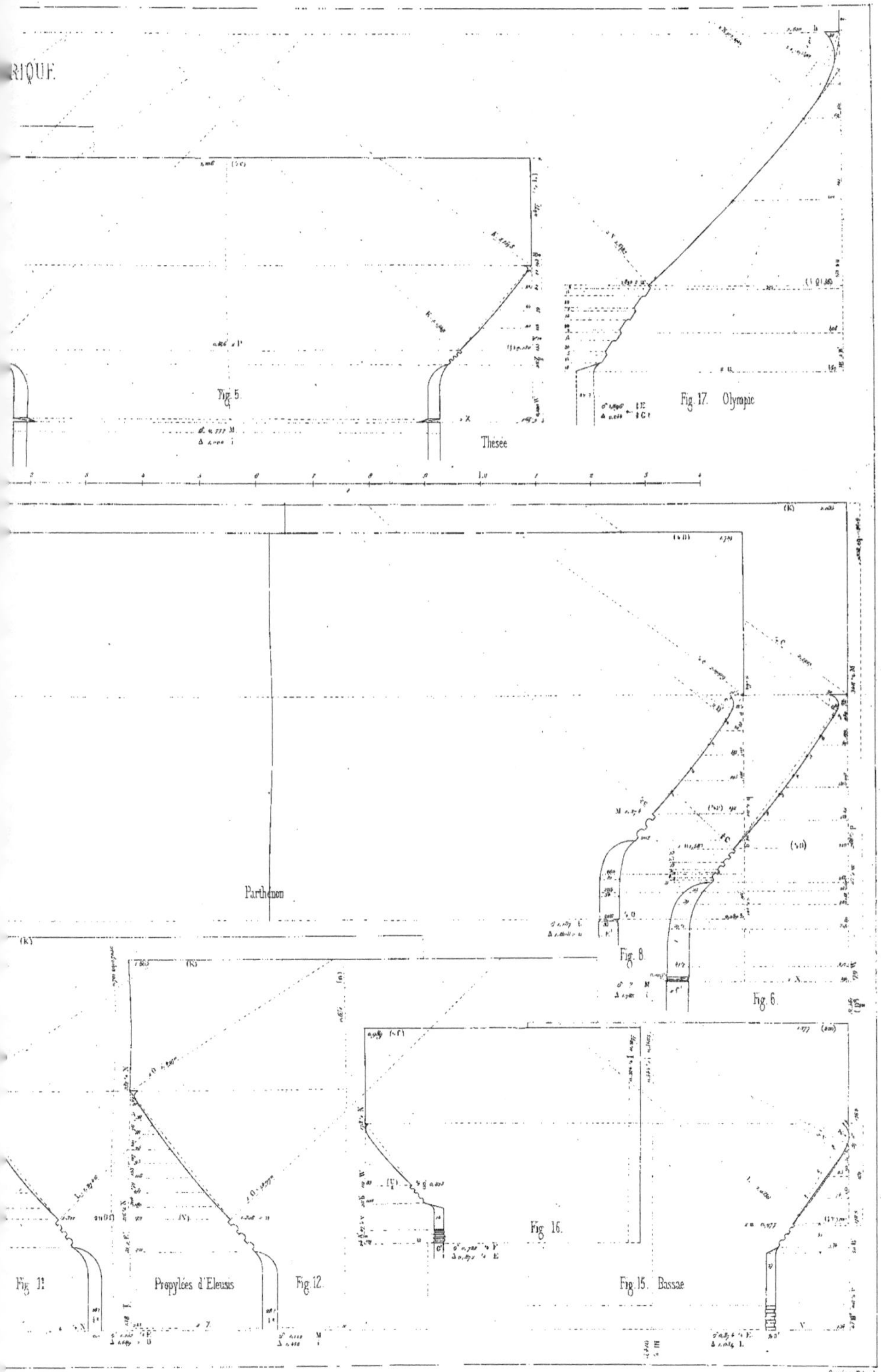

Éditeur

Gravé par Erhard

STY

CATHE

Fig. 2.

Liv. 4.

GIVAL.

NOYON.

itsur

Grav. par Erhard

[illegible]

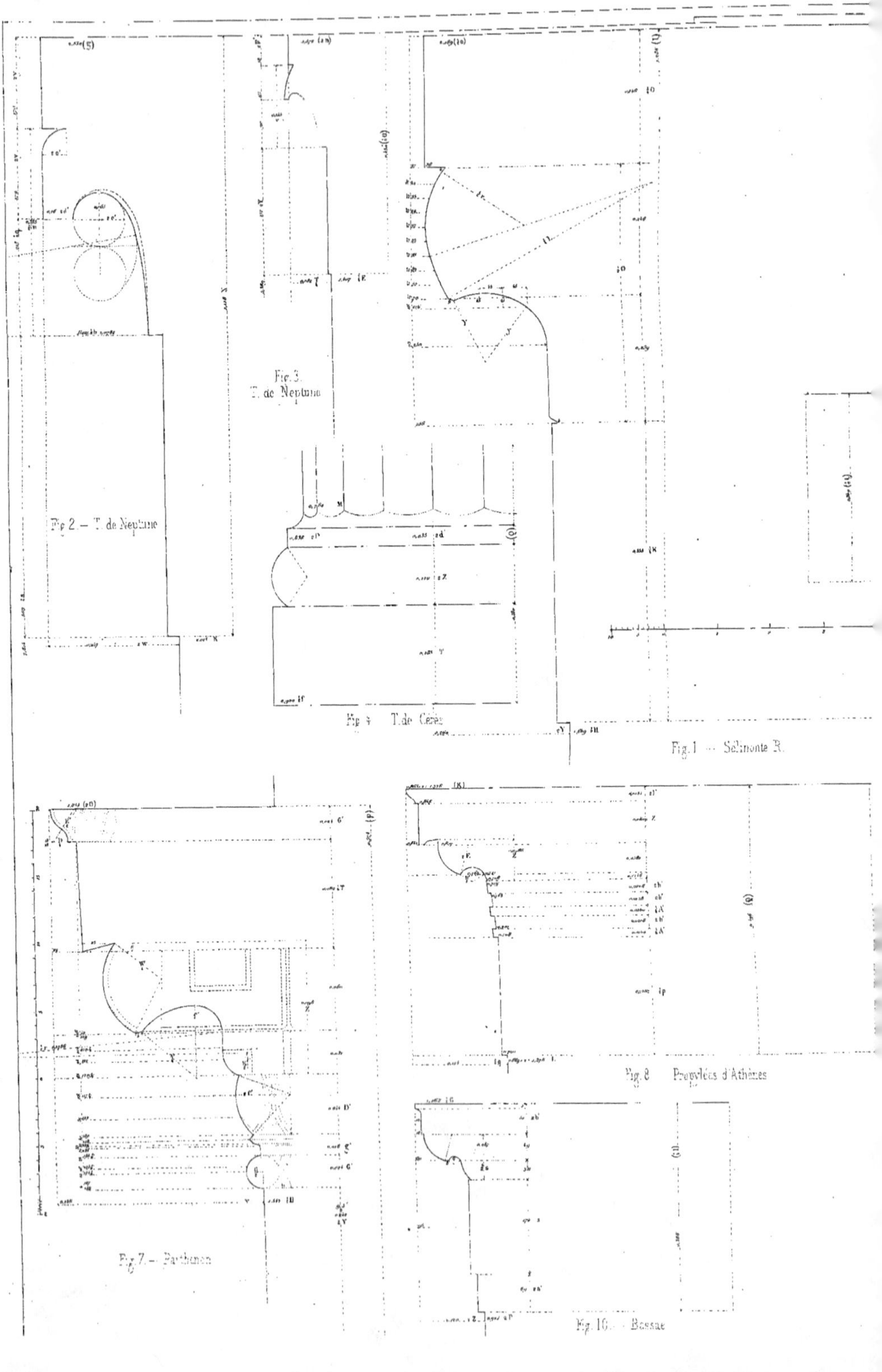

Fig. 1 — Sélinonte R.

Fig. 2. — T. de Neptune

Fig. 3. T. de Neptune

Fig. 4 T. de Cérès

Fig. 7. — Parthenon

Fig. 8 Propylées d'Athènes

Fig. 10. — Bassae

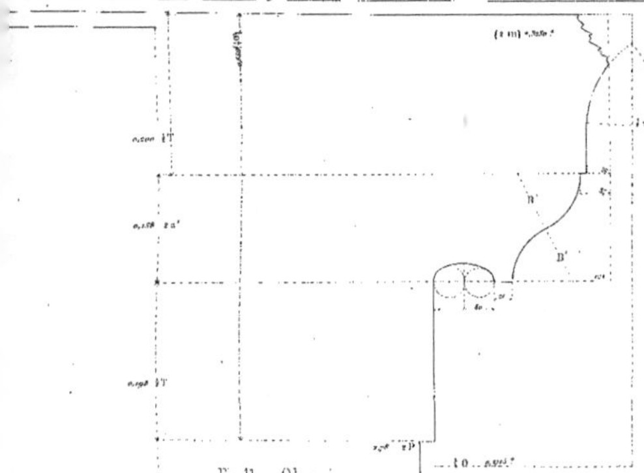

Fig. 11. – Olympie

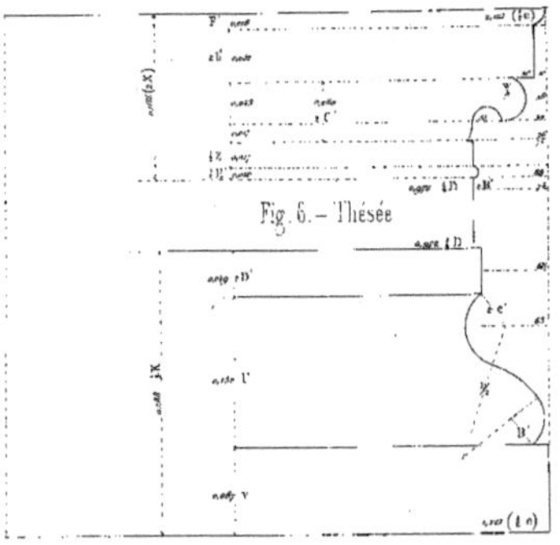

Fig. 6. – Thésée

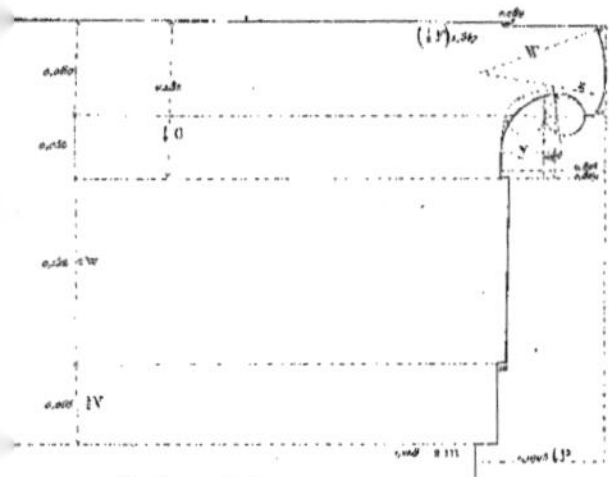

Fig. 5. – Egine

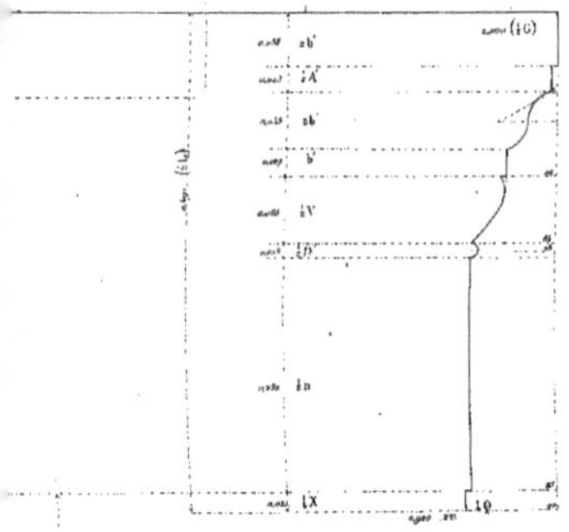

Fig. 9. – Sunium

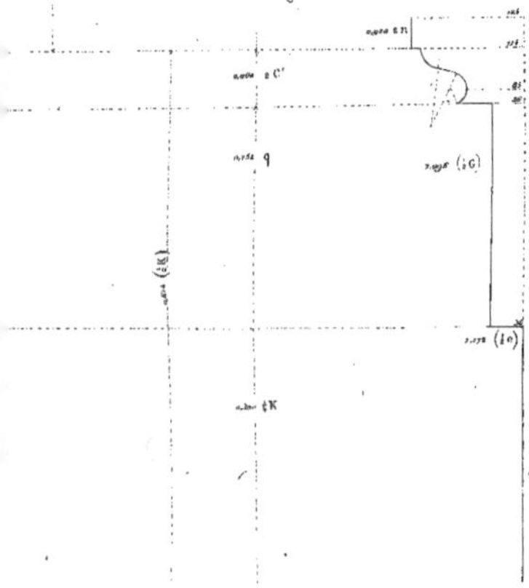

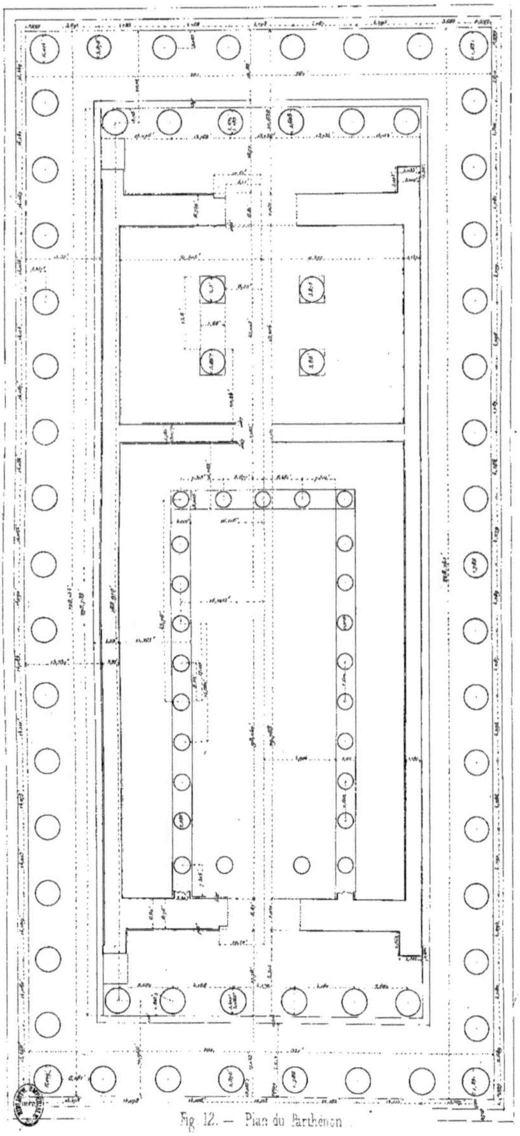

Fig. 12. – Plan du Parthénon

Liv. 4.

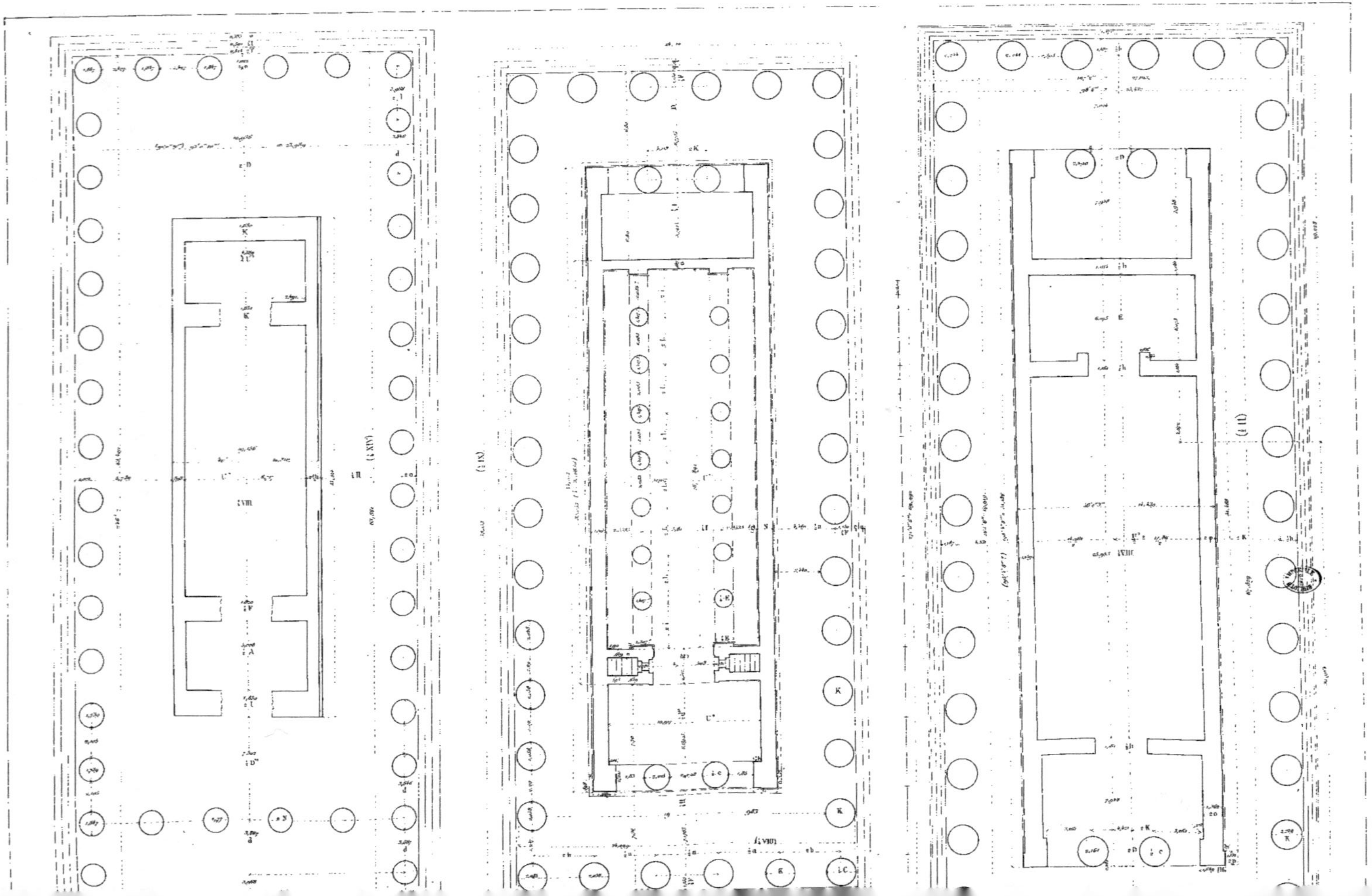

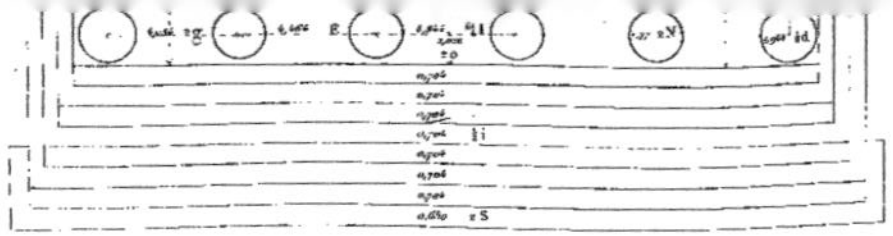

Fig. 1. – T. de l'acropole de Selinonte

Fig. 3. – T. de Neptune à Paestum

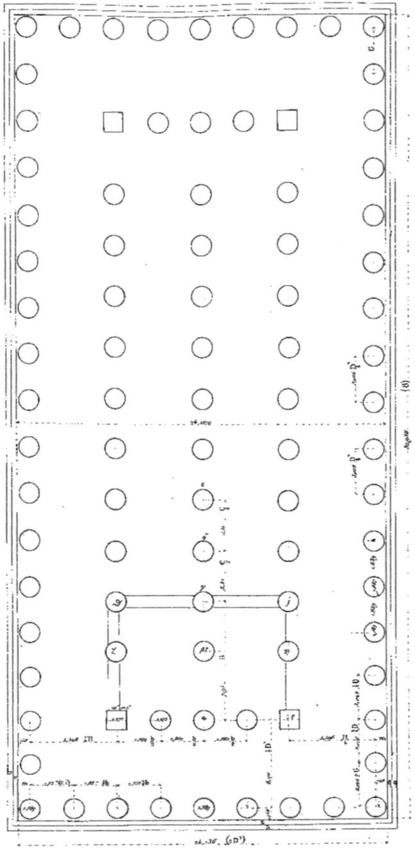

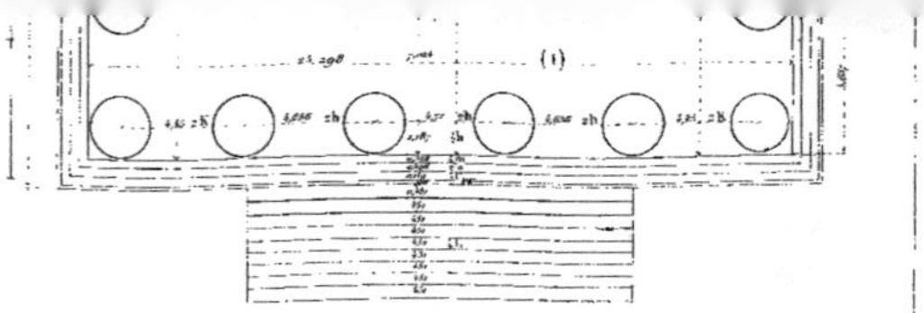

Fig. 2. – T. dans la ville de Selinonte

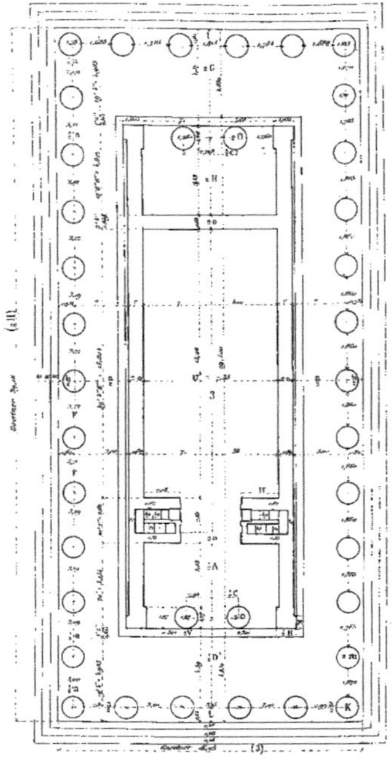

Fig. 4. – T. de la Concorde à Agrigente

Fig. 6. – Basilique de Paestum

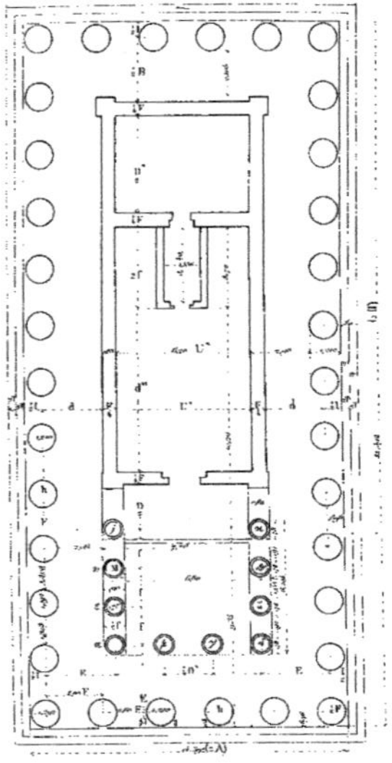

Fig. 5. – Petit T. de Paestum

Bensselmann del.

Gravé par Erhard

Arthus Bertrand Editeur

STYLE

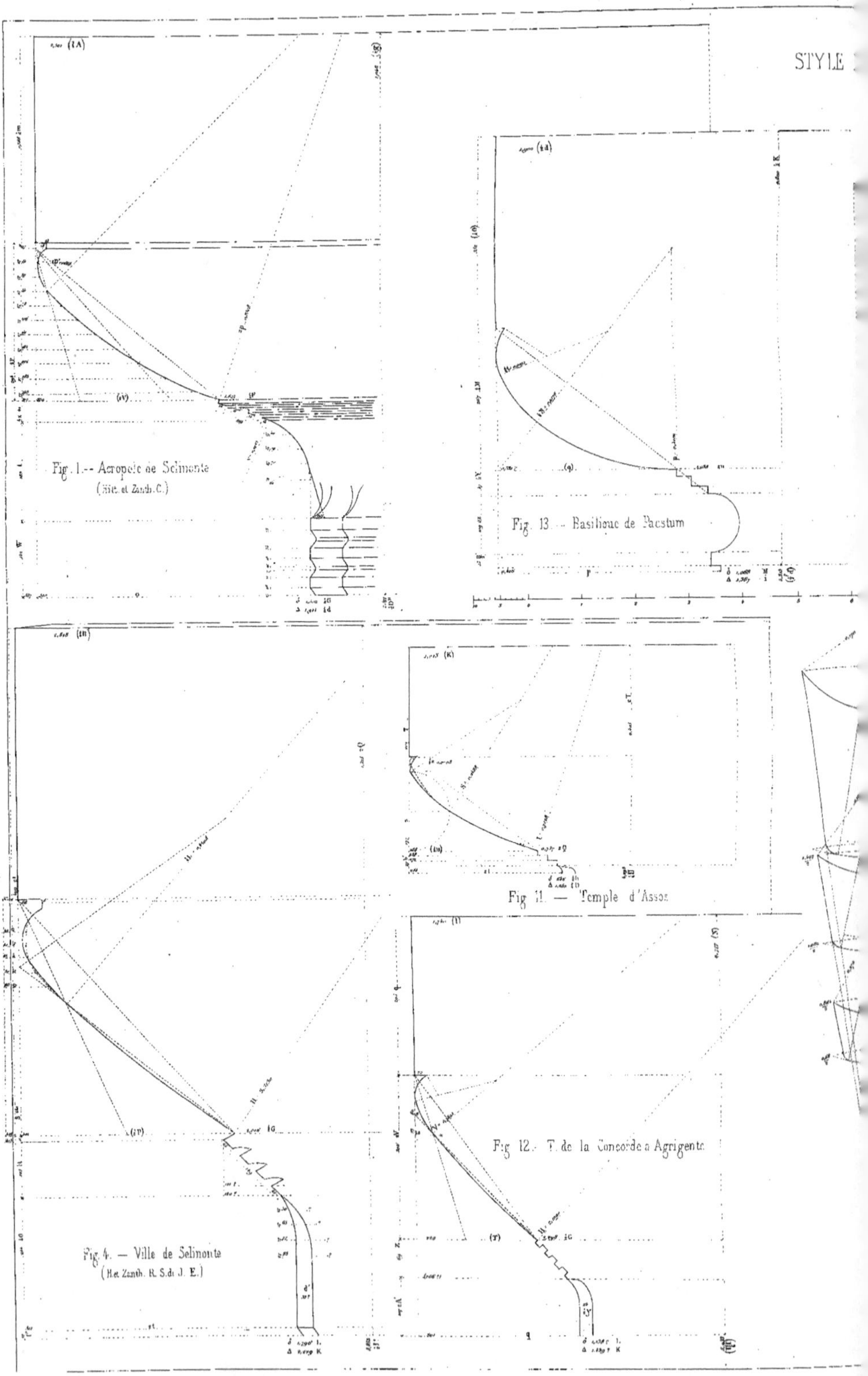

Fig. 1.-- Acropole de Selinonte (Hit. et Zanth. C.)

Fig. 13. -- Basilique de Paestum

Fig. 11. — Temple d'Assos

Fig. 4. — Ville de Selinonte (H. et Zanth. R. S. di J. E.)

Fig. 12. T. de la Concorde a Agrigente

RIQUE

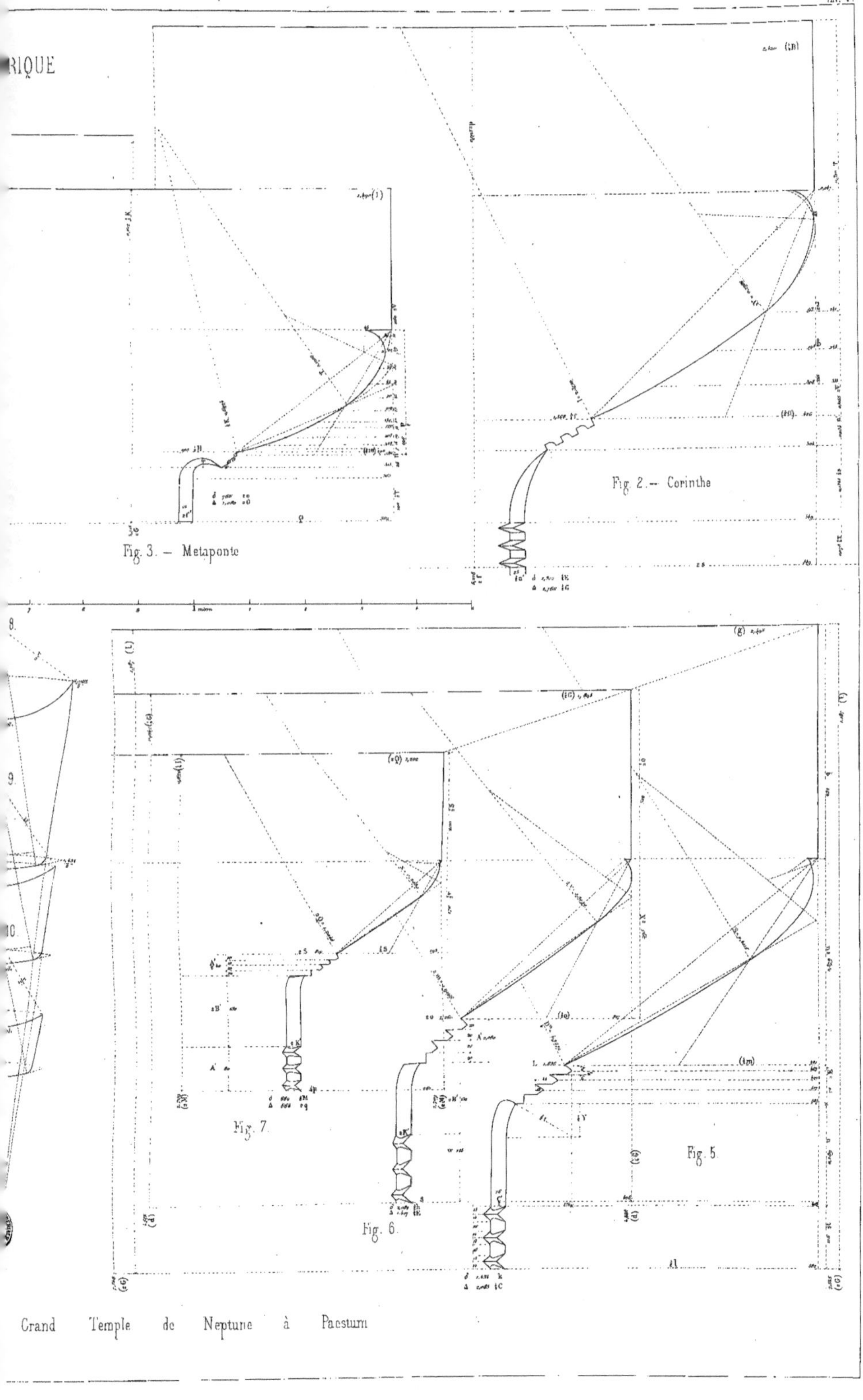

Fig. 3. — Metaponte

Fig. 2. — Corinthe

Fig. 7.

Fig. 6.

Fig. 5.

Grand Temple de Neptune à Paestum

METHODES DES PROPORTIO

Arthus Bertr

CATHÉDRALE DE TOURNAY

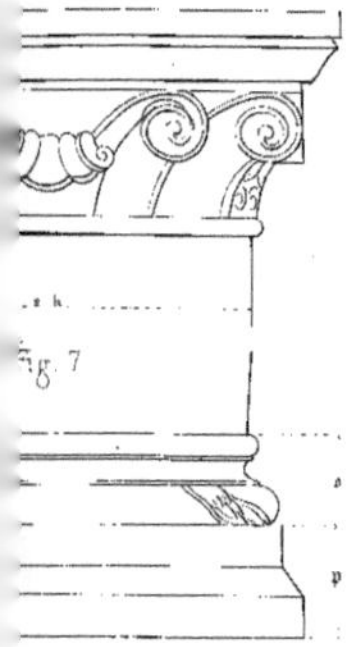

Fig. 7

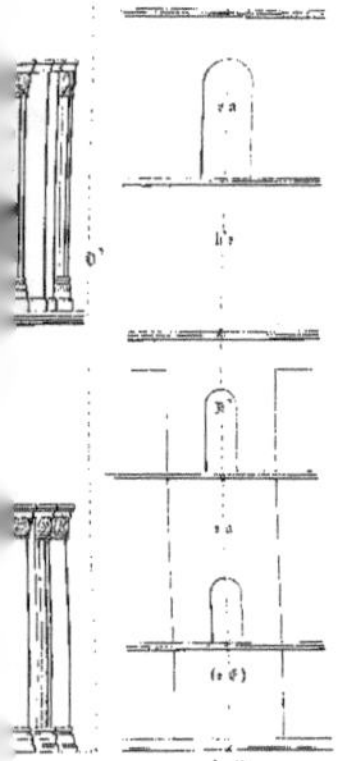

Fig. 6.

Fig. 5.

Éditeur.

Gravé par Erhard.

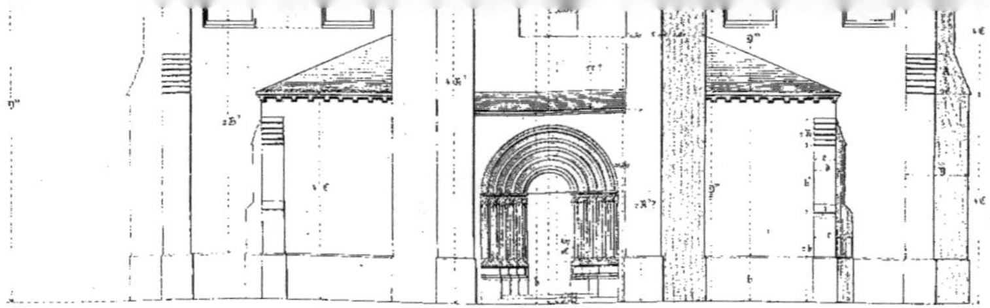

Fig. 1.

EGLISE ABBATIALE DE St GERMAIN DES PRÉS

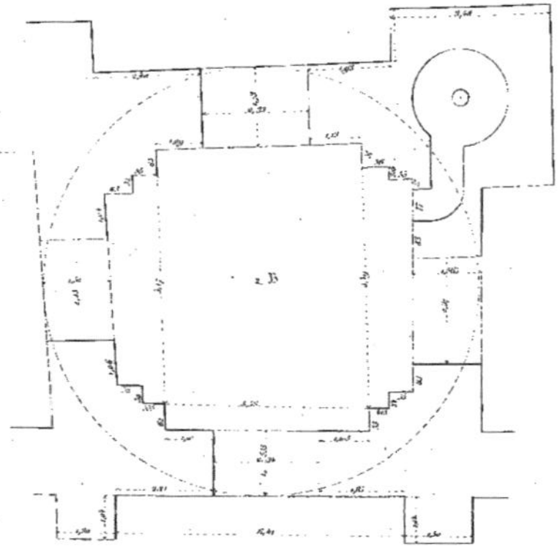

Fig. 2.

Fig. 5.

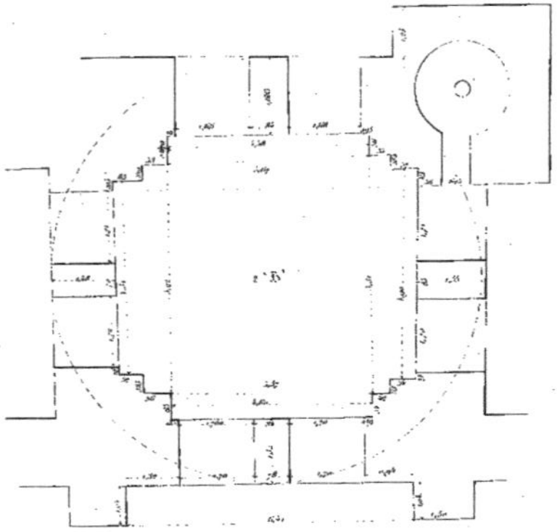

Fig. 3.

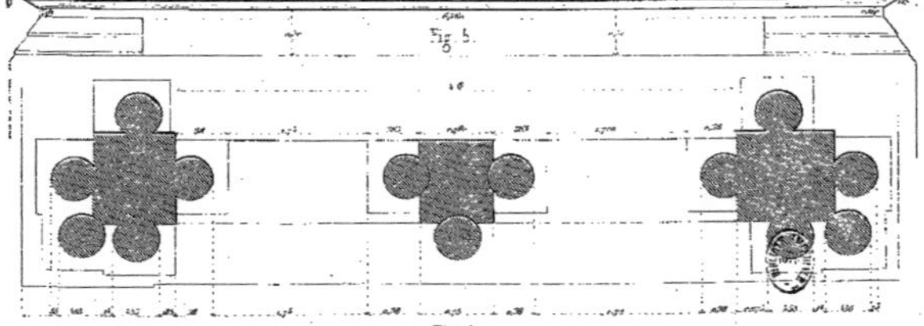

Fig. 4.

STYLE ROMAN

Alb. Lenoir del.

Gravé par Hibon.

Arthus Bertrand, Editeur.

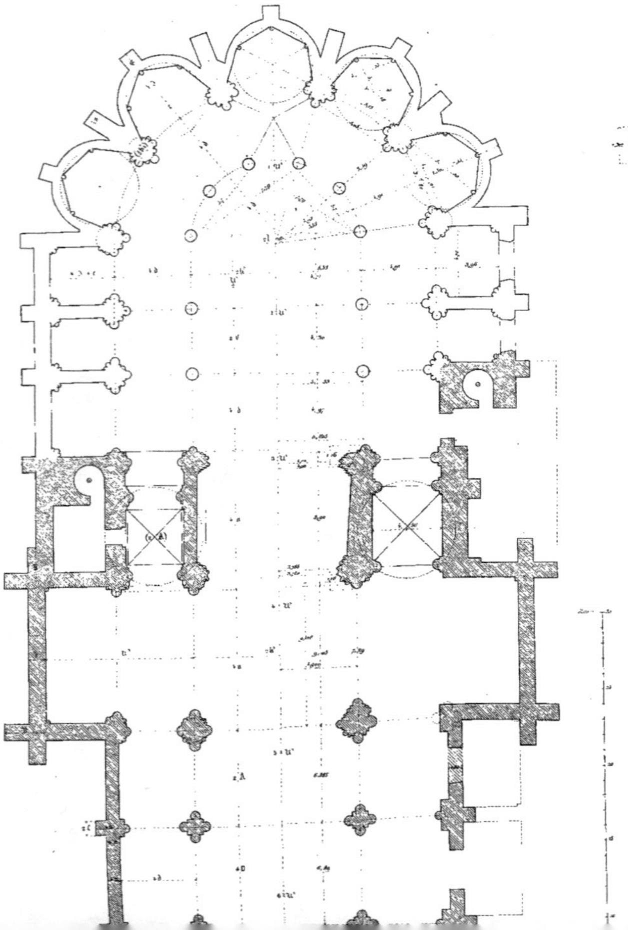

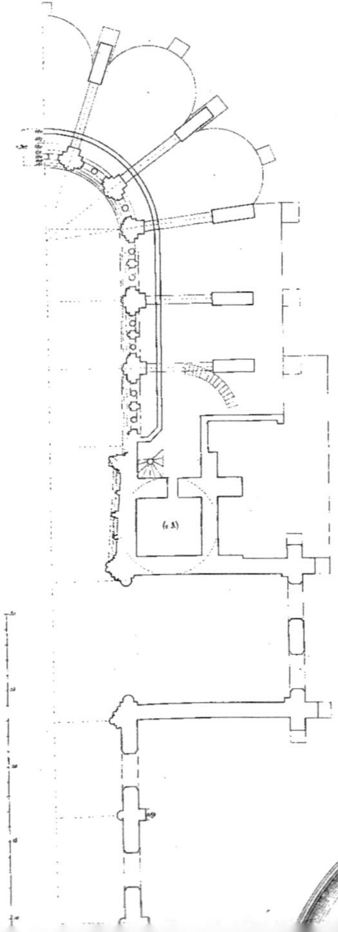

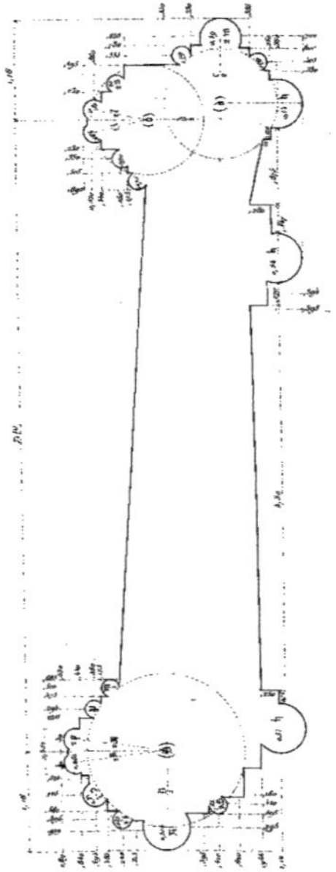

Fig. 3.

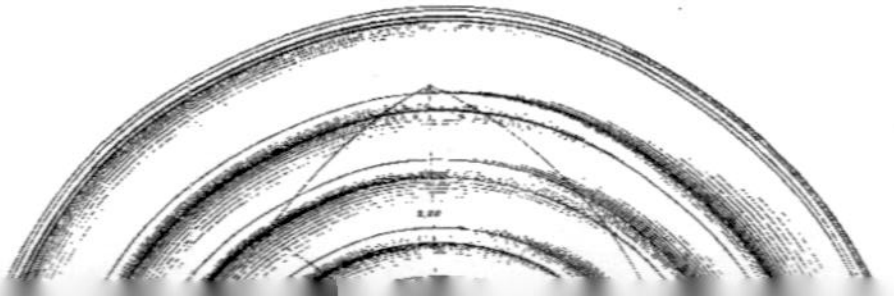

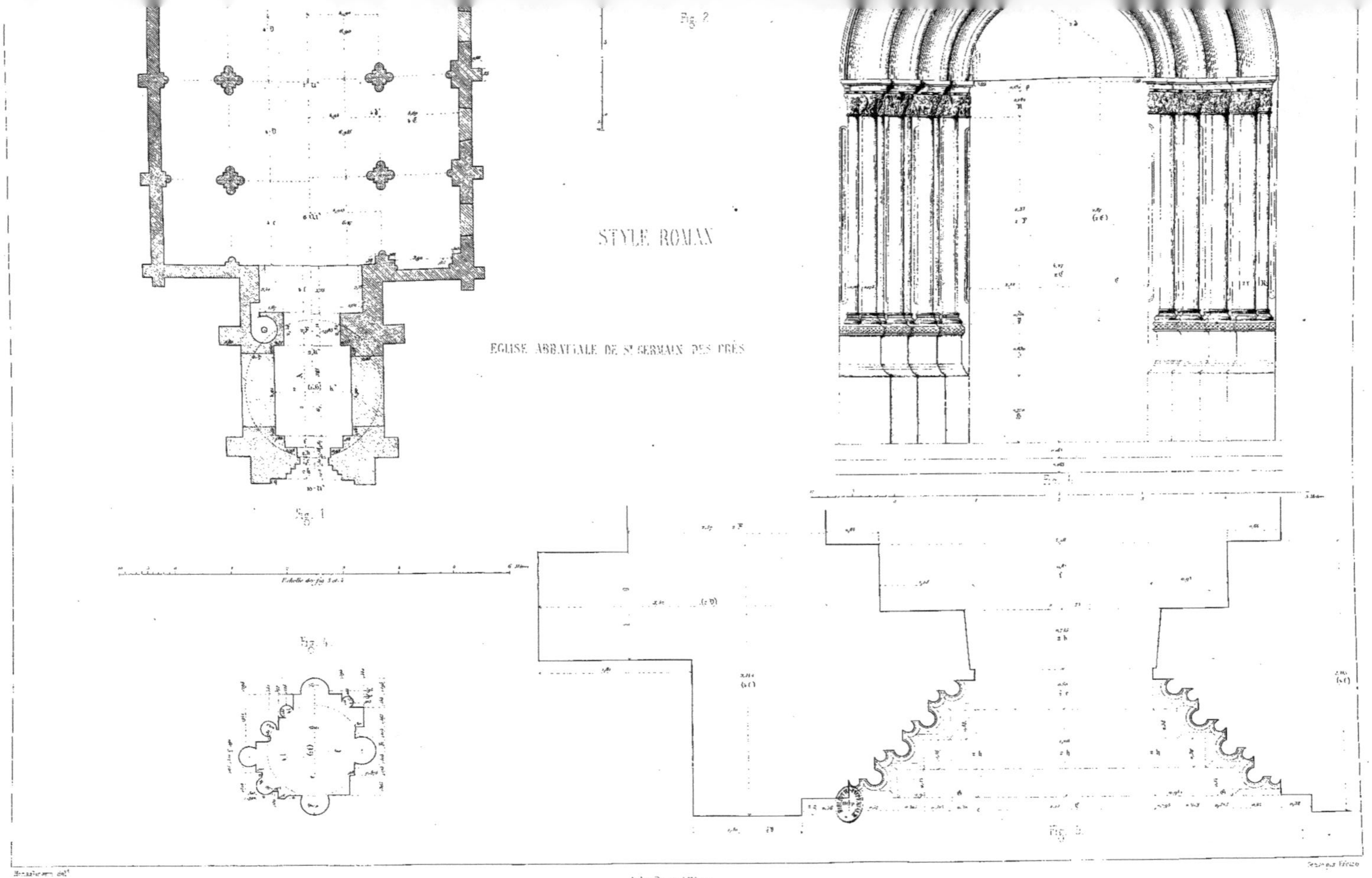

Arthur Bertrand, Éditeur.

MÉTHODES DES PROPORTIO[NS]

Fig. 4. T. d'Egine.

Fig. 5. T. de Thésée.

Fig. 6. T. du Parthénon.

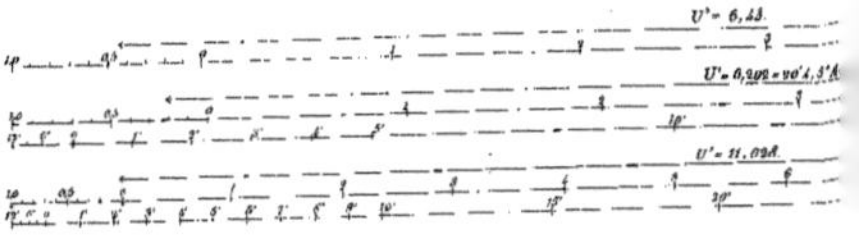

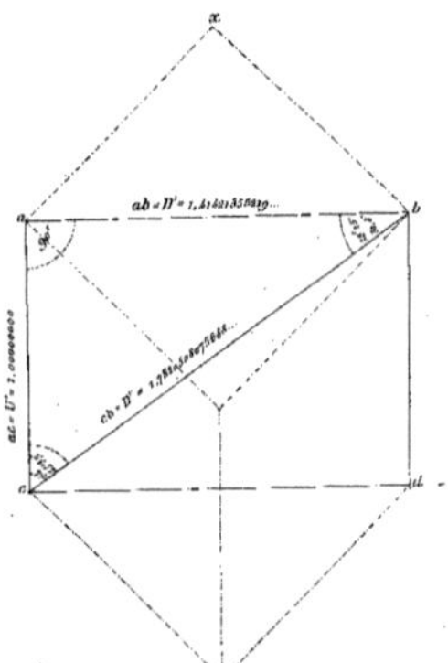

Fig. 1.

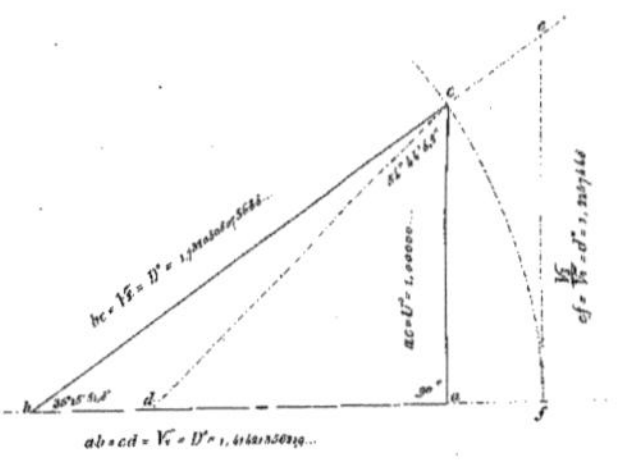

Fig. 2.

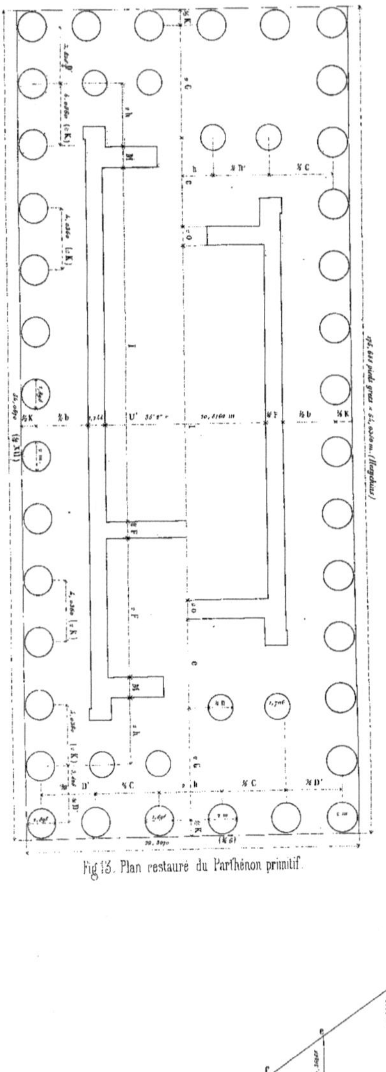

Fig. 13. Plan restauré du Parthénon primitif.

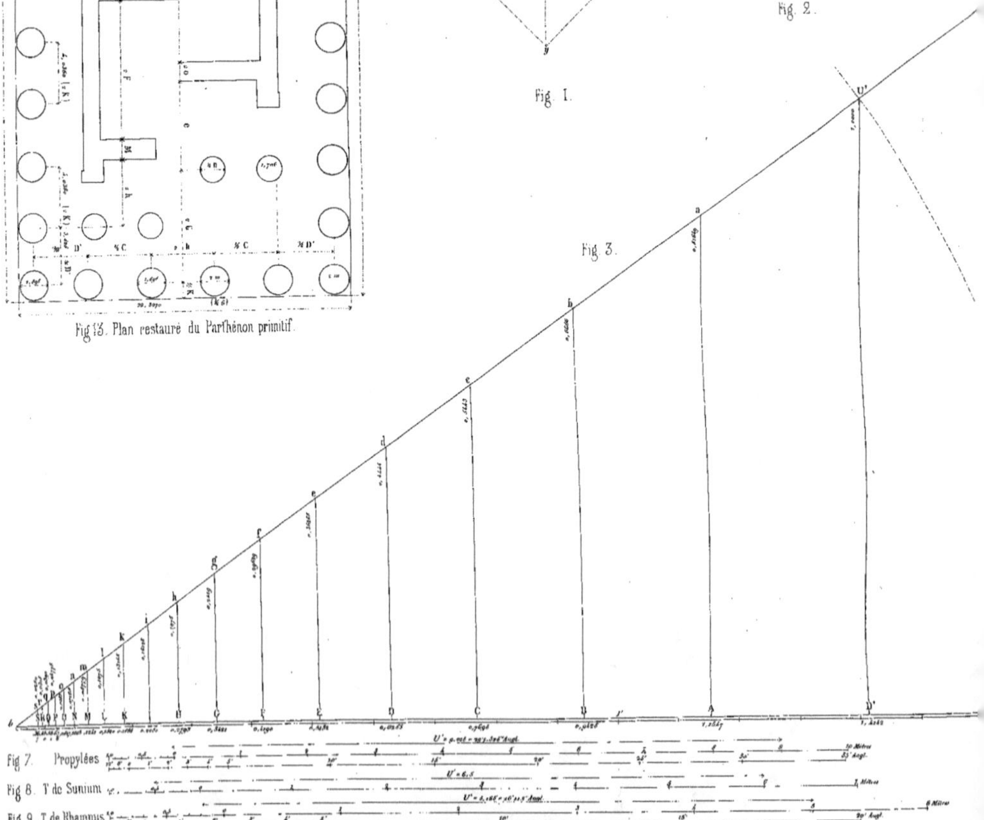

Fig. 3.

Fig. 7. Propylées

Fig. 8. T. de Sunium

Fig. 9. T. de Rhamnus

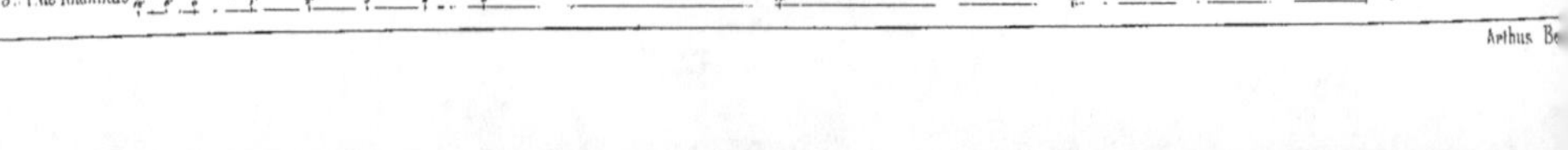

Arthus Be[rtrand]

DANS L'ARCHITECTURE

Gravé par Erhard

STYLE EGYPTIEN

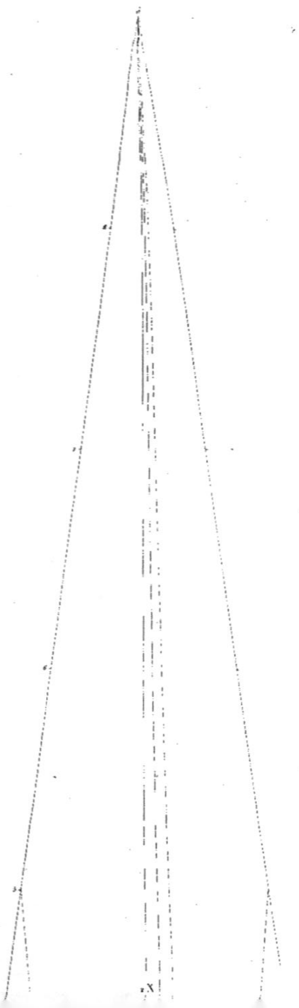

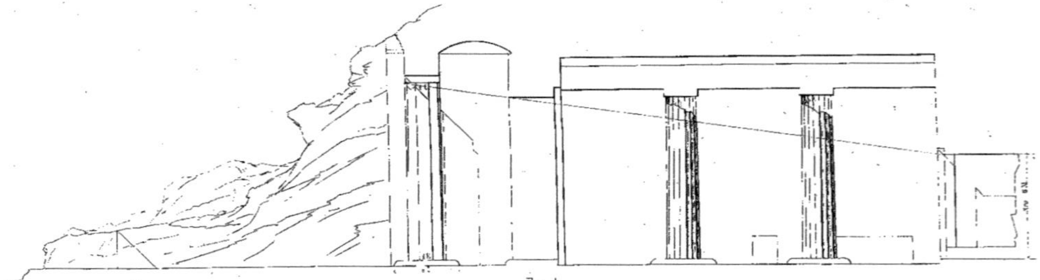

Fig. 4.

Fig. 3.

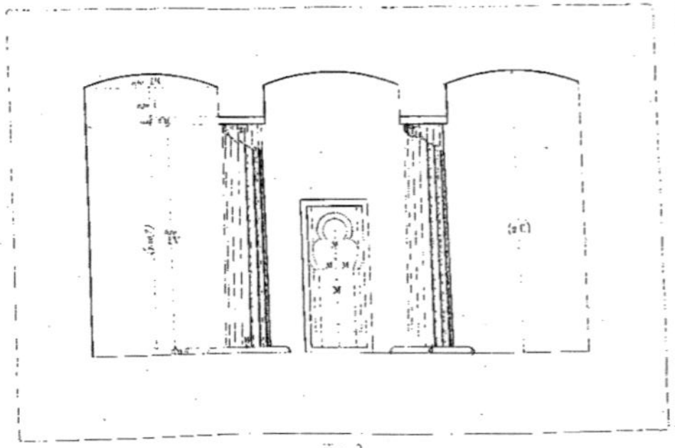

Fig. 2.

Tombeau de Num-hôtep (XII.e Dynastie)

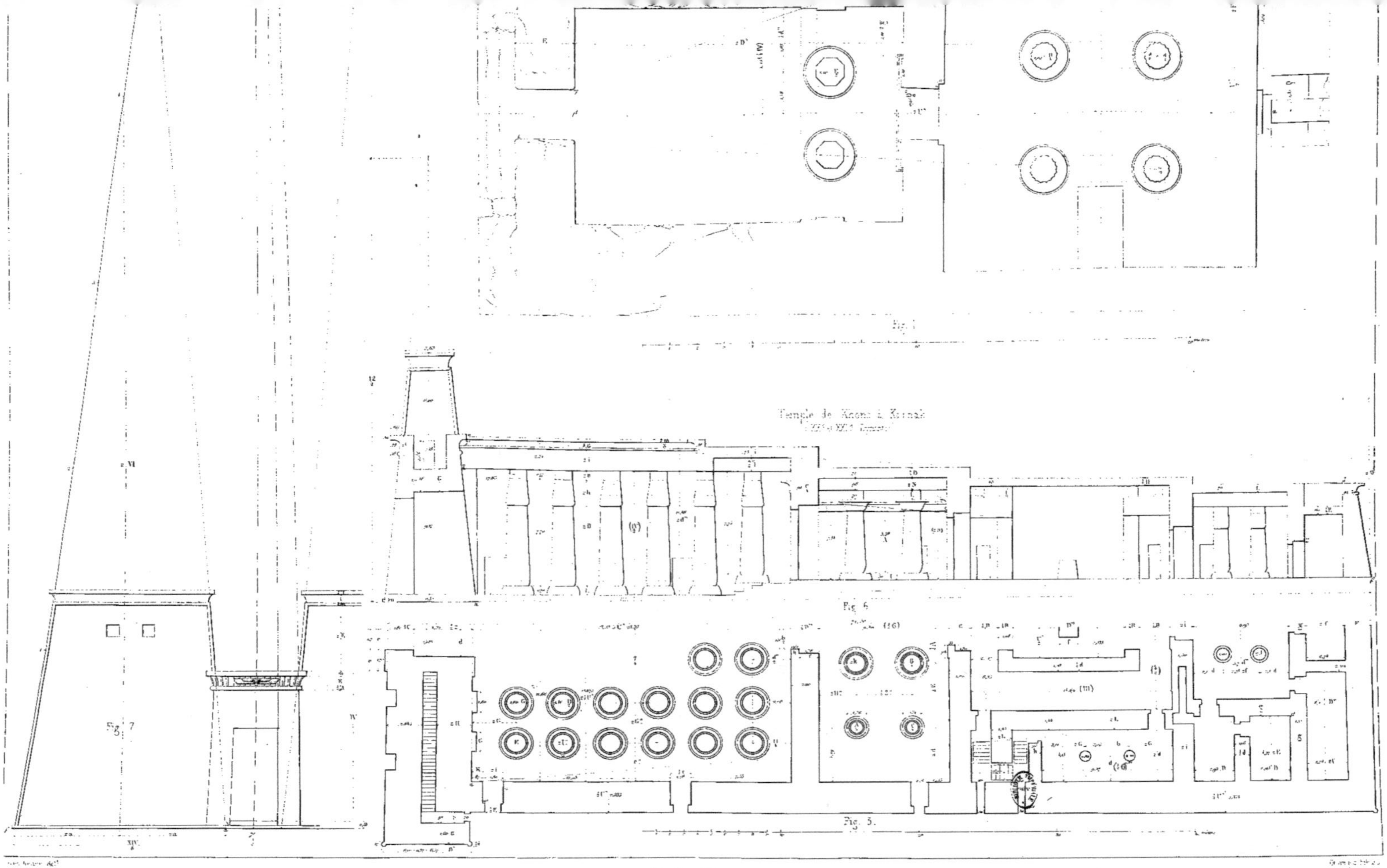
Temple de Khons à Karnak
Fig. 5.
Fig. 6
Fig. 7

Fig 2 —— Promenoir de Tothmès III (Karnak XVIIIe Dyn)

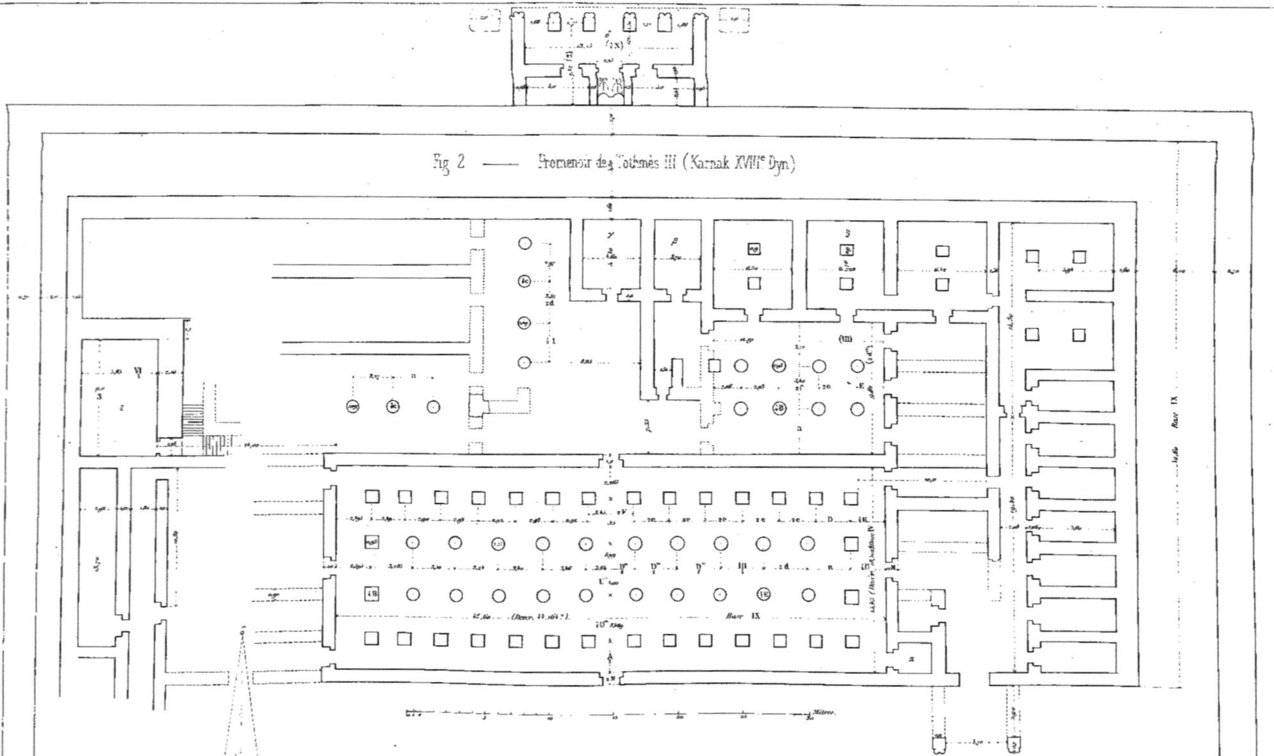

METHODES DES PROPORTIONS DANS L'ARCHITECTURE

STYLE EGYPTIEN

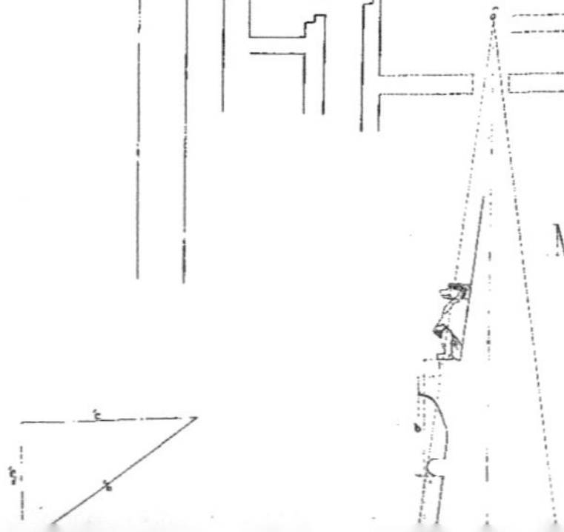

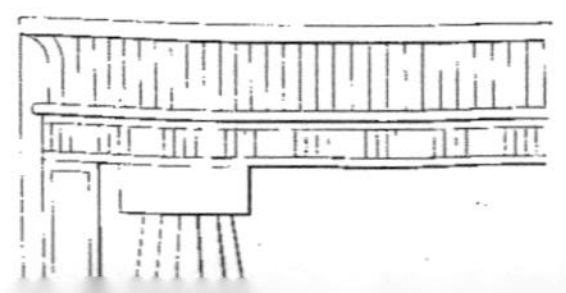

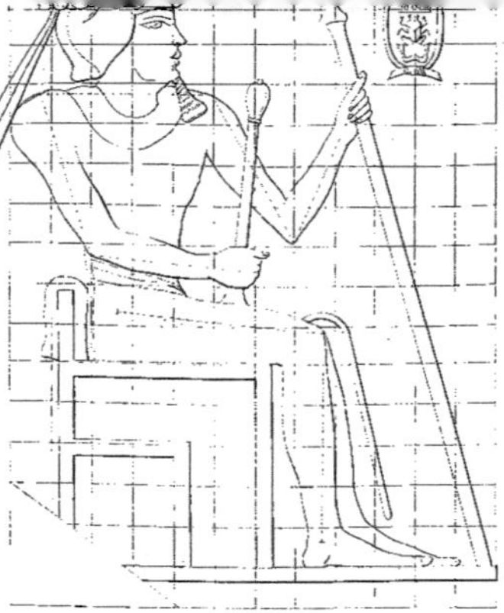

Fig. 6 — Figure de Tothmès III

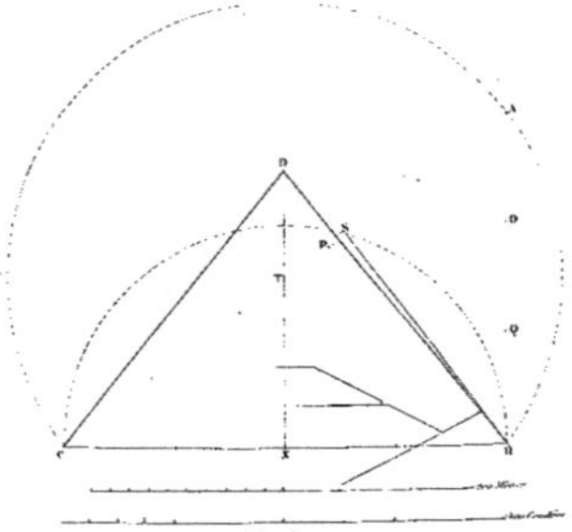

Fig. 1

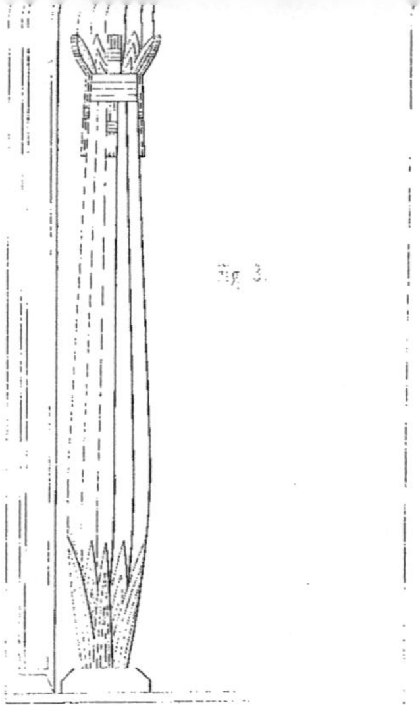

Fig. 3

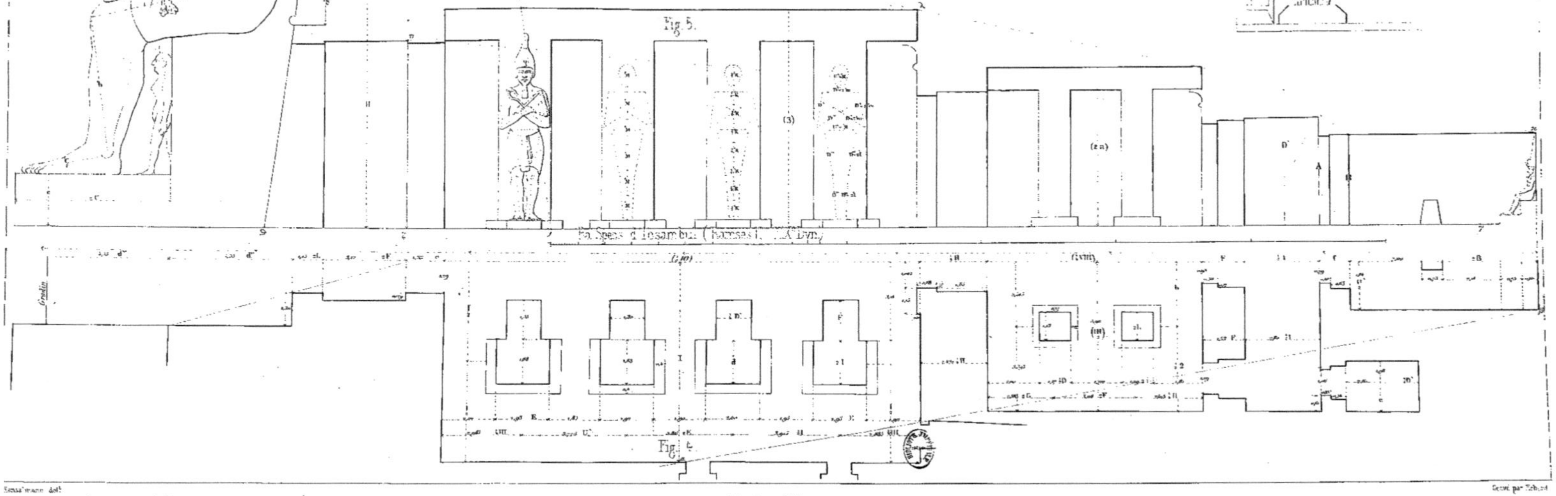

Fig. 5.

Le Spéos d'Ibsamboul (Ramsès I ... Dyn.)

Fig. 4

Hensel... del.

Gravé par Erhard

Arthus Bertrand, Éditeur.

METHODES DES PROPORTIO

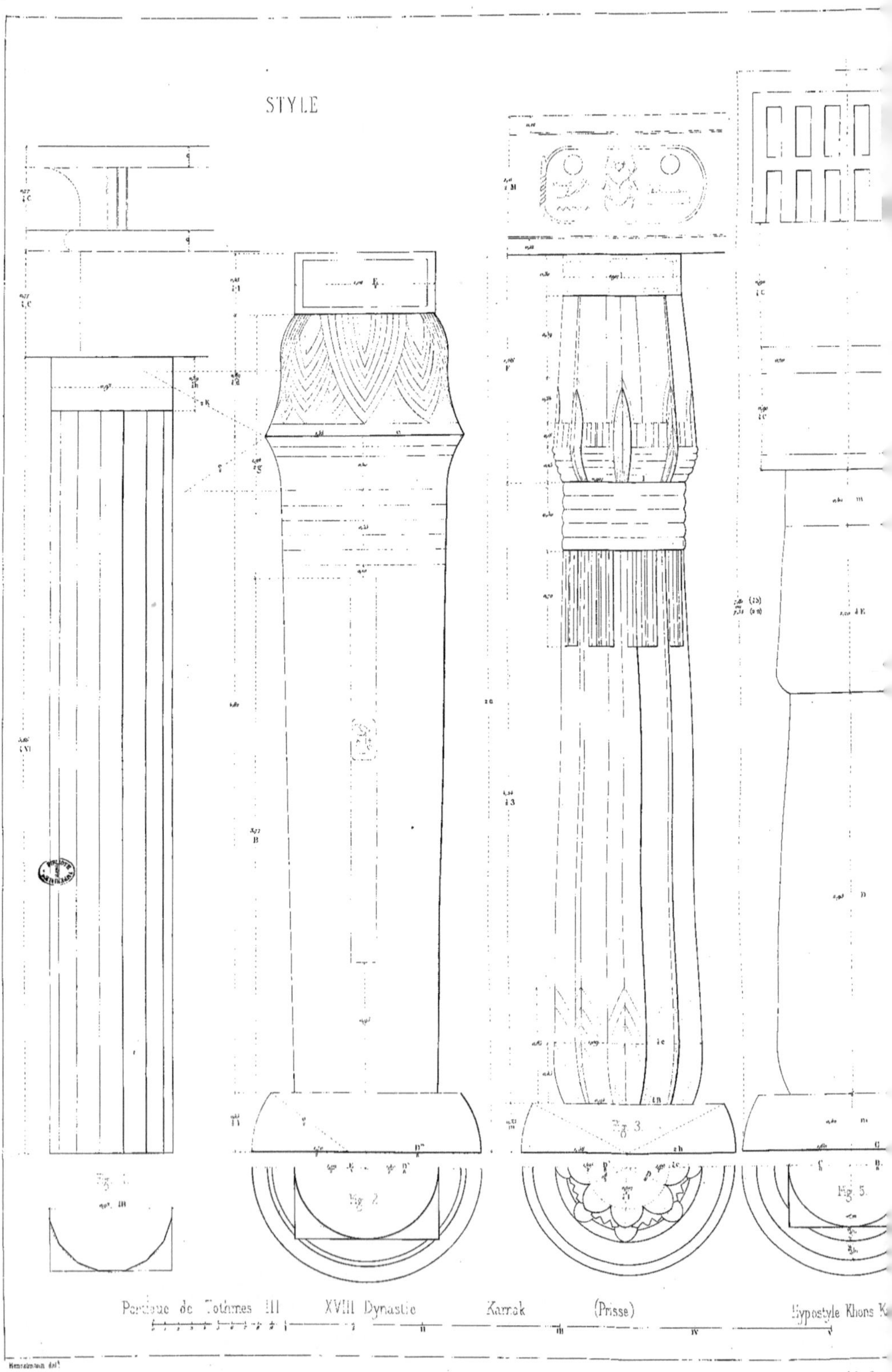

EGYPTIEN

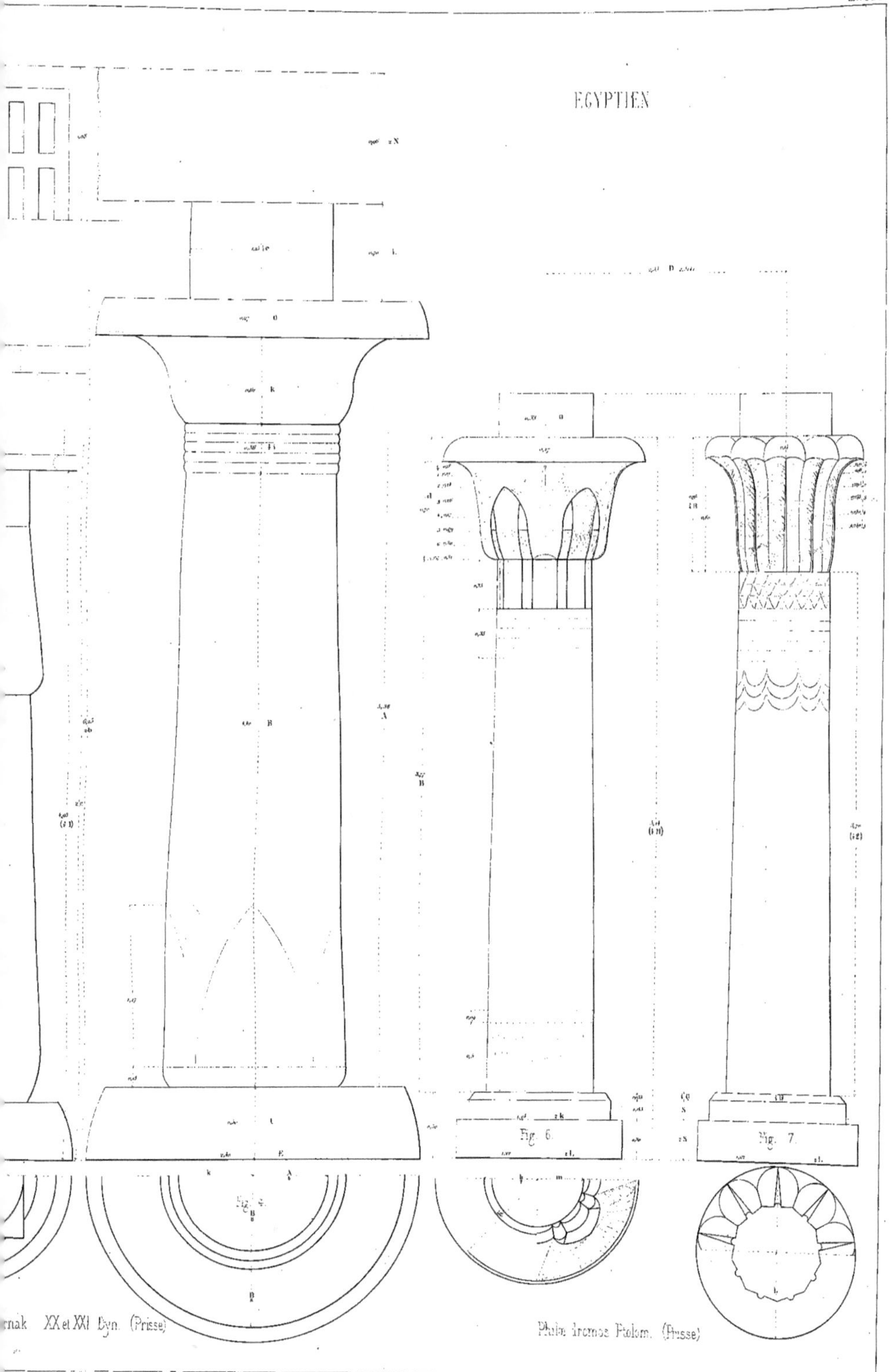

…rnak XX et XXI Dyn. (Prisse)

Philæ Inemos Ptolm. (Prisse)

…, Editeur.

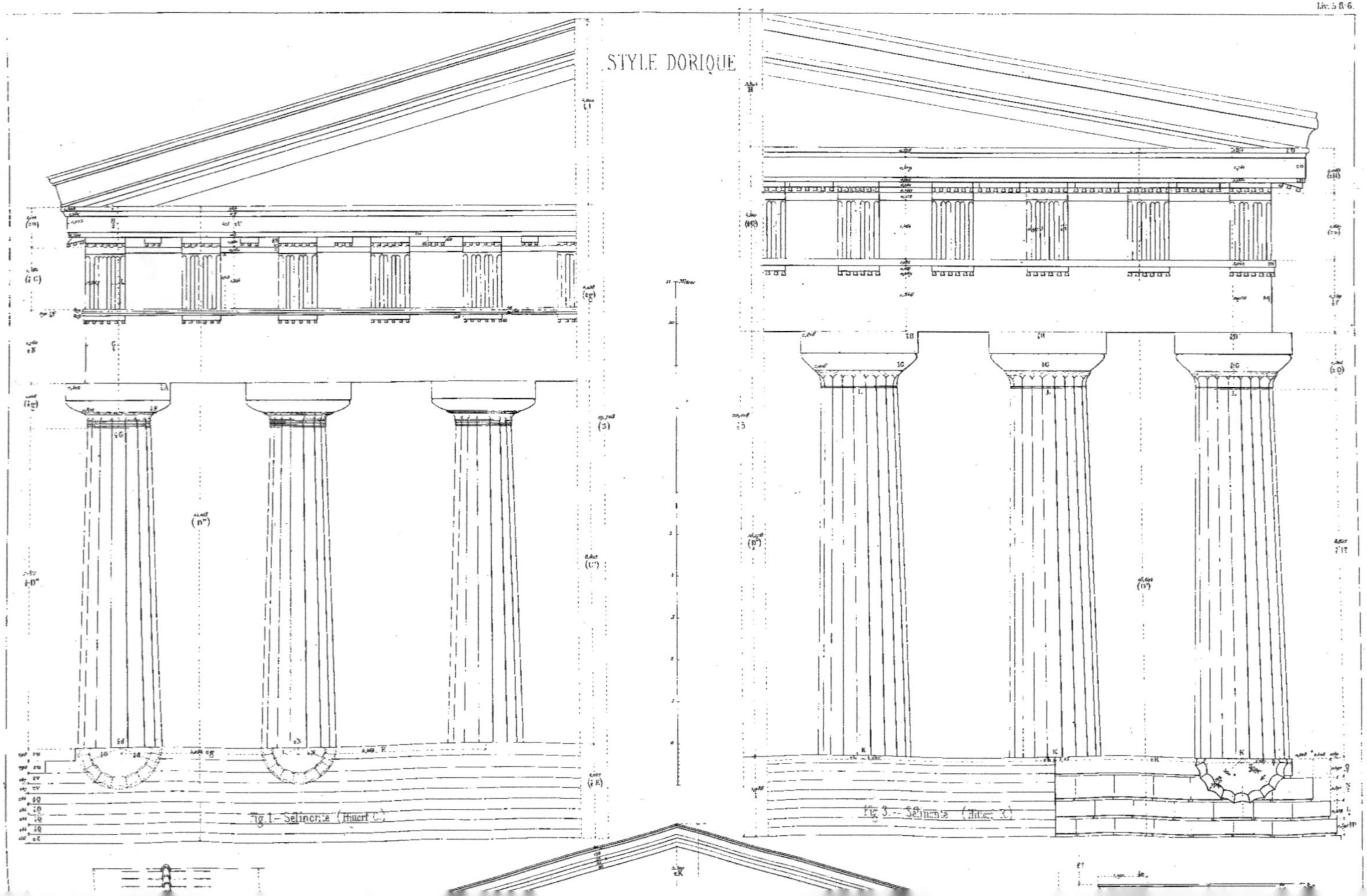
STYLE DORIQUE
Fig. 1 – Selinonte (Temple C.)
Fig. 3 – Selinonte (Temple X.)

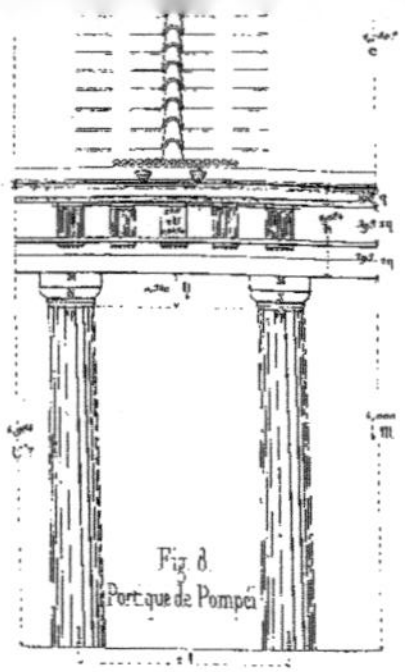

Fig. 8. Portique de Pompéi

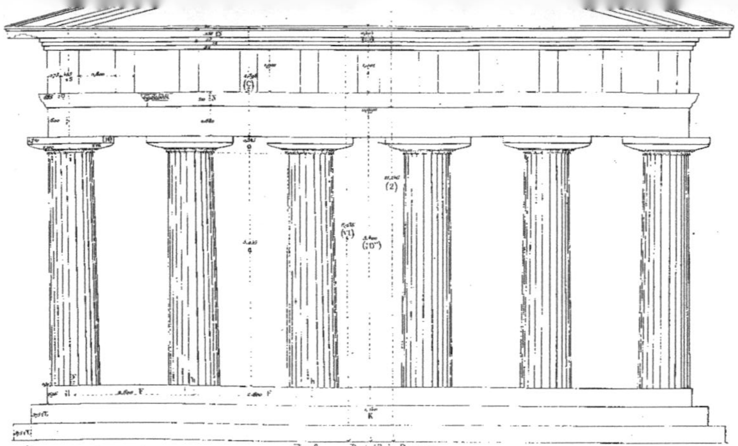

Fig. 6. — Petit T. de Pæstum

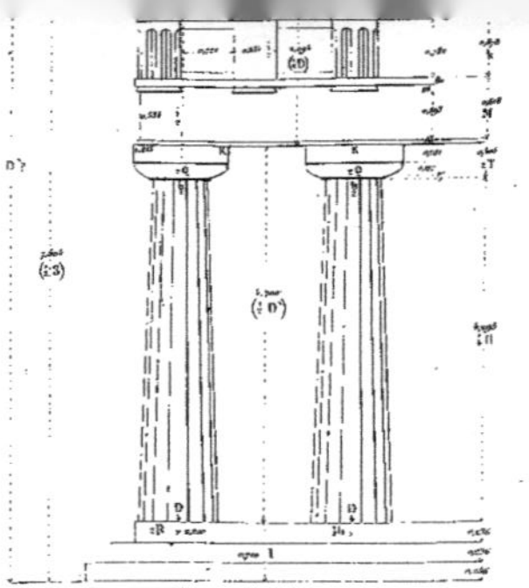

Fig. 4. — T. d'Assos

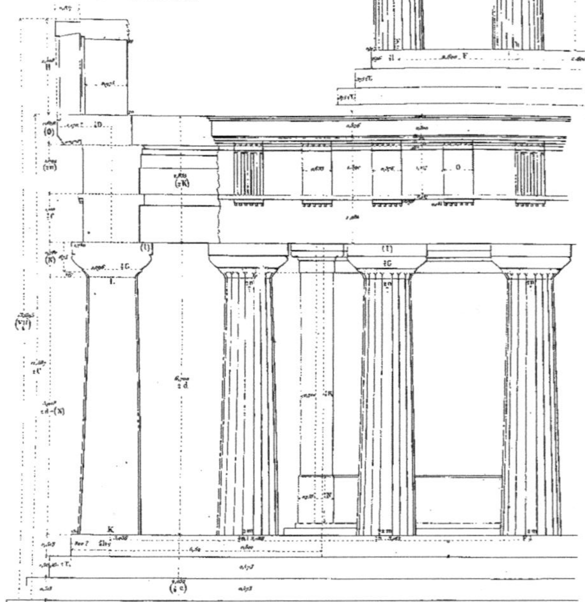

Fig. 5. — T. de la Concorde à Agrigente

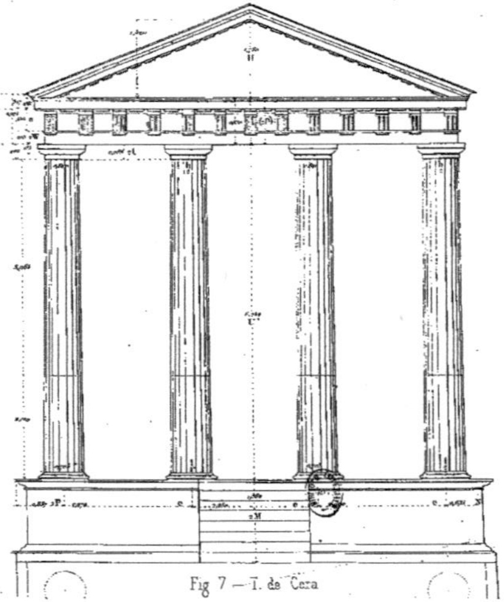

Fig. 7. — T. de Cora

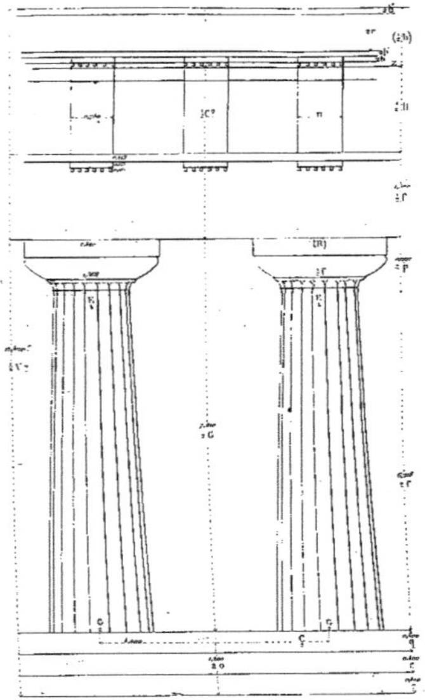

Fig. 2. — T. de Corinthe

Hausselmann del.

Arthus Bertrand, Éditeur.

Gravé par Sébard.

www.ingramcontent.com/pod-product-compliance
Lightning Source LLC
Chambersburg PA
CBHW060616100426
42744CB00008B/1418
9782012746572